CAMINHOS PARA DEMOCRATIZAÇÃO DO DIREITO

Jean Nunes

CAMINHOS PARA DEMOCRATIZAÇÃO DO DIREITO

2020

EDITORA JusPODIVM
www.editorajuspodivm.com.br

EDITORA *Jus*PODIVM
www.editorajuspodivm.com.br

Rua Território Rio Branco, 87 – Pituba – CEP: 41830-530 – Salvador – Bahia
Tel: (71) 3045.9051
• Contato: https://www.editorajuspodivm.com.br/sac

Capa: Ana Caquetti

P436c Nunes, Jean.
Caminhos para Democratização do Direito / Jean Carlos Nunes Pereira – Salvador: Editora JusPodivm, 2020.
160 p.

Inclui bibliografia
ISBN 978-85-442-3286-6

1. Direito. 2. Teoria Geral do Direito. I. Pereira, Jean Carlos Nunes. II. Título.

CDD 340

Àqueles que foram condenados à "servidão da espera" no Brasil.

Agradecimentos

À energia viva do universo que a religião chama de "Deus" e que a sentimos, todos, sob a forma "amor".

À minha esposa, companheira, amiga e querida Juzinha, pelo convívio acolhedor, por compreender as muitas ausências, pelo incentivo incondicional e, principalmente, pelo amor com que cuida de mim e de nossos pequeninos.

Ao Caio e ao Daniel, meus irmãos e amigos, que quis a Vida reencarnassem como meus filhos. É com a esperança de tornar esse um mundo melhor para vocês que escrevo as linhas que seguem.

À minha velhinha, que, nesta vida, foi meu pai e minha mãe e a quem tudo devo.

À dona Bibi, por cuidar da grama, das mangas e tantas vezes fazer o papel de pai em razão de minha ausência.

Aos queridos amigos que têm me auxiliado nesta caminhada, em especial a Yuri Costa e Pablo Camarço, pela revisão cuidadosa que tanto enriqueceu o texto. À Safira Vanessa Carneiro Costa, o agradecimento pela contribuição carinhosa da confecção dessa obra.

À minha orientadora Cláudia Maria da Costa Gonçalves que, desde a graduação, acompanha meus passos, orientando-me e abrindo para mim novos caminhos. Aos amigos Edilson Santana Filho e Mila Gouveia pela contribuição para publicação desta obra.

Enfim, aos meus queridos alunos, a quem as palavras que se seguem se destinam.

> [...] a Justiça continuou e continua a morrer todos os dias. Agora mesmo, neste instante em que vos falo, longe ou aqui ao lado, à porta da nossa casa, alguém a está matando. De cada vez que morre, é como se afinal nunca tivesse existido para aqueles que nela tinham confiado, para aqueles que dela esperavam o que da Justiça todos temos o direito de esperar: justiça, simplesmente justiça. Não a que se envolve em túnicas de teatro e nos confunde com flores de vã retórica judicialista, não a que permitiu que lhe vendassem os olhos e viciassem os pesos da balança, não a da espada que sempre

corta mais para um lado que para o outro, mas uma justiça pedestre, uma justiça companheira quotidiana dos homens, uma justiça para quem o justo seria o mais exacto e rigoroso sinônimo do ético, uma justiça que chegasse a ser tão indispensável à felicidade do espírito como indispensável a vida e o alimento do corpo. Uma justiça exercida pelos tribunais, sem dúvida, sempre que a isso determinasse a lei, mas também, e sobretudo, uma justiça que fosse a emanação espontânea da própria sociedade em acção, uma justiça em que se manifestasse, como um imperativo moral, o respeito pelo direito a ser que a cada ser humano assiste.

José Saramago

Prefácio

Ornamento: o cuidado do ser

Abacateiro
Acataremos teu ato
Nós também somos do mato
Como o pato e o leão
Aguardaremos
Brincaremos no regato
Até que nos tragam frutos
Teu amor, teu coração

Abacateiro
Teu recolhimento é justamente
O significado

Da palavra temporão.
(*Refazenda,* Gilberto Gil).

Há madrugadas em que o frio não vem da brisa.

Na luta silenciosa entre o corpo que quer continuar entregue ao nada e a mente que quer se expandir e dizer, vence o feminino, a mente.

Pela raridade da vitória, desperto e, no silêncio adornado pelos pássaros, traduzo em linhas o que até pouco tempo era ideia.

Nas academias, sempre – por repetidas e diversas formas –, aprendemos a origem, as contradições e os conceitos de propriedade, sejam eles cartoriais – e, portanto, jurídicos – ou políticos.

Mas, por alguns minutos, soltei-me desses conceitos e pensei na solidão das ruas, mais precisamente na solidão de um morador de rua que, certa manhã de domingo, vi na praia, ornamentando com pequenas palavras e cores fortes o curto espaço da calçada em que vivia.

Colorir o cimento de um espaço que não é seu, orná-lo mesmo sem paredes e móveis desafia os nossos sentidos e a nossa forma de sentir.

A simplicidade pode até conviver com a solidão e com o medo da solidão sem guerras.

Isso, sim, é coragem; coragem para se abstrair e ser.

Há cerca de um ano, escrevi o texto acima, para, em princípio, ser uma pequena crônica do indiferente cotidiano das cidades. Contudo, resolvi usá-lo, agora, como palavra inicial do livro de *Jean Carlos Nunes Pereira*, e o fiz não só em virtude do conteúdo da nova obra que chega ao público, mas, também, pela sensibilidade da sua dedicatória: "Àqueles que foram condenados à 'servidão da espera' no Brasil".

A sensibilidade e a delicadeza também são formas de luta; sem elas, não há alteridade, há confronto estéril, que apenas incomodará a quietude mansa das horas.

O novo livro de Jean Carlos é robusto fruto de uma pesquisa acadêmica comprometida, desde a raiz, com a justiça social. É, assim, fruto que outros frutos fecundará.

Portanto, Jean Carlos, seguindo instintivamente (?), os conselhos do chapeleiro de "*Alice no País das Maravilhas*"[1], não usou seu tempo como algo a ser gasto, mas como um aliado da sua construção teórica, cujo grande mérito foi tentar se aproximar da maior e melhor forma possível de justiça, não só da justiça institucional, mas, sobretudo, da justiça pedestre e cotidiana, da qual fala José Saramago na sua crônica "*Da justiça à democracia passando pelo sino*", quando um de seus trechos serve de epígrafe deste livro.

As preocupações essenciais do autor passam, com clareza, pelos seguintes temas: Modernidade: entre promessas, excessos e *déficits*; O normativismo jurídico; O individualismo jurídico; O elitismo jurídico. Não me cabe, contudo, relatar a obra. Pelo contrário, entrego-a inteira ao leitor, sabendo, de logo, que será extremamente fecundo e instigante o diálogo que entre os dois será travado.

Entretanto, a pretexto deste prefácio, permito-me suscitar algumas questões que, de início, passam pelos caminhos da construção dos direitos, nomeadamente, os fundamentais. Em outras palavras, seguem pela *história viva* desses direitos. Para mim, a expressão *história viva* é um pleonasmo, porque toda história é a vida presente que olha para a vida passada – não como um antiquário[2] –, mas para pensar na continuidade

1. "'Se você conhecesse o Tempo tão bem quanto eu' – disse o Chapeleiro – 'falaria *dele* com mais respeito.' Cf. CARROLL, Lewis. **Aventuras de Alice no país das maravilhas**. Tradução Maria Luiza X. de A. Borges. 2. ed. Rio de Janeiro: Zahar, 2013. p. 57.

2. "A história concebida, assim, não está inspirada por um interesse antiquário, mas sim preocupada em compreender porque se compreende e como se compreende." Cf. BOURDIEU, Pierre. **O poder simbólico**. 4. ed. Tradução Fernando Tomaz. Rio de Janeiro: Bertrand Brasil, 2001. p. 37.

mais alegre da vida futura, onde a solidariedade seja o maior compromisso ético das intergerações e interespécies.

Nesse longo caminho que a memória não consegue apreender em todas as suas dimensões, é possível dizer que, apesar de tantas paradas, retrocessos e *déficits*, conseguimos avançar. Dentre esses avanços, cito o pequeno trecho da Carta da Terra:

> Que nosso tempo seja lembrado pelo despertar de uma nova reverência face à vida, pelo compromisso firme de alcançar a sustentabilidade, a intensificação da luta pela justiça, pela paz e pela alegre celebração da vida (CARTA DA TERRA BRASIL CARTA DA TERRA BRASIL, 2004, não paginado).

Ademais, mesmo com o peso e as contradições do mercado, hoje, o Produto Interno Bruto (PIB), já não reina absoluto. Ao seu lado, discutem-se outros índices necessários e urgentíssimos para todos aqueles a quem faltam os mínimos existenciais, ou seja, o Índice de Desenvolvimento Humano (IDH) e o indicador denominado Felicidade Interna Bruta (FBI).

> [...] amplia-se, mundialmente, a percepção de que o crescimento econômico, medido pelo aumento do Produto Interno Bruto (PIB), denominado também Produto Nacional Bruto (PNB), não é capaz de traduzir o grau de desenvolvimento de um determinado país, uma vez que não incorpora todas as demandas e aspirações humanas. Portanto, a tradicional forma de fazer a conta do progresso, anualmente, com base no acúmulo de riquezas nacionais, vem sendo cada vez mais questionada. [...]
>
> É nesse contexto que surge um índice inovador denominado Felicidade Interna Bruta (FBI), que incorpora nove dimensões: bem-estar psicológico, saúde, uso equilibrado do tempo, vitalidade comunitária, educação, cultura, resiliência ecológica, governança e padrão de vida – que traduzem uma nova forma de perceber o ser humano em sua relação com o mundo. (IRVING; OLIVEIRA, 2012, p. 93-94).

Uma advertência, contudo: os avanços são cristais e não rochas, portanto, exigem cuidados cotidianos. Assim, como bem lembra *Jean Carlos Nunes Pereira*, são inúmeros os *déficits* da modernidade e da pós-modernidade. A poesia de Castro Alves não apenas envergonha nosso passado enquanto espécie humana, mas enche de tristeza os olhos do presente:

> E no mundo tão grande... o forasteiro
> Não teve onde ... pousar.
> Co'a mão vazia – viu a terra cheia.
> O deserto negou-lhe – o grão de areia,
> A gota d'água – rejeitou-lhe o mar. (ALVES, 2013, p. 42).

Os excessos, as contradições da propriedade privada, o individualismo e a consequente intolerância trazem à tona as palavras de Vladimir Safatle: há aquilo "que não se proclama, há aquilo que faz a língua tremer, há aquilo que não se dá a ver para uma pessoa." (SAFATLE, 2015, p. 17). Embora ditas no contexto de uma análise diferente desta, suas palavras levam às seguintes indagações: o que não se proclama? Qual o interdito da fala[3]?

O modelo de desenvolvimento que seguimos é insustentável na sua essência. É insustentável, porque desrespeita a noção de finitude e porque é incapaz de efetivar direitos fundamentais para todos em todos os lugares[4].

---

3. Uso, aqui, a análise de Foucault: "tabu do objeto, ritual da circunstância, direito privilegiado ou exclusivo do sujeito que fala". Cf. FOUCAULT, Michel. **A ordem do discurso**: aula inaugural no Collège de France, pronunciada em 2 de dezembro de 1970. Tradução Laura Fraga de Almeida Sampaio. 24. ed. São Paulo: Edições Loyola, 2014. (Leituras Filosóficas). p. 9.

4. Sobre direitos humanos de todos, em todos os lugares, Cf. MORAIS, José Luis Bolzan de. Direitos humanos "globais (universais)"!. De todos, em todos os lugares). In: PIOVESAN, Flávia (Coord.). **Direitos humanos, globalização**

Assim, em Espinosa[5], tomando-se como paradigma a categoria livre-arbítrio, pode-se dizer que os *déficits* de direitos fundamentais não são apenas uma questão individual de escolha, mas consequências do padrão de desenvolvimento pretendido.

Benjamin (2012) acreditava que "*A obra de arte sempre foi, por princípio, reprodutível.*" Colocando-se como referência essa constatação, pode-se dizer que os *déficits* de direitos fundamentais, no interior desse modelo de desenvolvimento, instaurado a partir da modernidade, reproduzem-se incessantemente.

A jovem paquistanesa Malala Yousafzai, vencedora do prêmio Nobel da Paz, em sua gigantesca luta pelo direito à educação para as meninas, ao pronunciar discurso na Organização das Nações Unidas, ressaltou: "Uma criança, um professor, um livro e uma caneta podem mudar o mundo."[6] Sim, Malala, as meninas podem e devem estudar, os meninos também. Tudo isso já deveria ser tão óbvio, mas as marcas da violência que você sofreu, levam-me a engrossar o coro das suas palavras de menina corajosa: só a educação libertadora pode nos libertar.

A educação libertadora, ao modo tratado por Paulo Freire[7], nada tem a ver com elitismo e seu consequente *status*, pois,

---

econômica e integração regional: desafios de direito constitucional internacional. São Paulo: Max Limonad. 2002. p. 519-542.

5. Sobre livre-arbítrio, Cf. ESPINOSA, Baruch. **Ética**. São Paulo: Vicotr Civita, 1973. Dispensável mencionar que o autor não analisava questões de direitos fundamentais e de desenvolvimento sustentável.

6. Quanto ao discurso de Malala Yousafzai, Cf. ACADEMIA SEBRAE. **Uma criança, um professor, um livro e uma caneta podem mudar o mundo**. Disponível em: <http://academiasebrae.com.br/atitude/uma-crianca-um-professor-um-livro--e-uma-caneta-podem-mudar-o-mundo/>. Acesso em: 8 set. 2017.

7. "Não há, portanto, na teoria dialógica da ação, um sujeito que domina pela conquista e um objeto dominado. Em lugar disto, há sujeitos que se encon-

acima de tudo, é direito que a ninguém deve ser negado, uma vez que a vida precisa ser compreendida, respeitada e vivida em suas muitas dimensões.

A educação libertadora não é feita para criar privilégios, tampouco pode se distanciar da dinâmica e dos apelos da vida. A educação libertadora, como ensinava Rubem Alves, é, também, para se comover e para fazer comover (ALVES, 2007).

O Professor *Jean Carlos Nunes Pereira*, em sua dissertação de mestrado, na sala de aula ou na Defensoria Pública, sabe bem que uma ciência que não se comove é um livro empoeirado a descansar em uma prateleira qualquer. Por tudo isso, o direito que defende emociona-se e, como a poesia de Manoel de Barros, *O fotógrafo*,[8] preocupa-se mais com o cheiro do jasmim que se espalha pelo beiral do que com os muros que cercam as propriedades. O direito no qual Jean Carlos acredita, digo isso porque o conheço, é o direito que se aproxima e, nesse movimento vivo, sabe que para muitos, ao modo descrito por Couto (2012, p. 20) e Hanifa Assulua, "não era, porém, a fala que era pouca. A vida para ela tornara-se um idioma estrangeiro."

Para que o direito não seja um estrangeiro dentro do seu próprio solo, são, portanto, são pertinentes as advertências de

tram para a pronúncia do mundo, para a sua transformação. [...] Na teoria da ação dialógica, não há lugar para a conquista [...] "mas para a sua adesão." Cf. FREIRE, Paulo. **Pedagogia do oprimido**. Rio de Janeiro: Paz e Terra, 2005. p. 192.

8. "Preparei minha máquina de novo.
Tinha um perfume de jasmim no beiral do sobrado.
Fotografei o perfume." Cf. BARROS, Manoel. O fotógrafo. **Meu quintal é maior do que o mundo**. Rio de Janeiro: Objetiva, 2015. p. 115.

Hespanha (2009, p. 742): "[a] sua insatisfação é um sinal de sabedoria e de exigência."

Morfologicamente, bem sabemos que constituição é substantivo, mas, no campo jurídico, a Constituição Federal de 1988 *é "verbo" fazer* e *adjetivo fraterno*. Assim, a nossa Constituição manda que, no interior do Estado Democrático de Direito (artigo 1º), e em virtude dele, seja construída "uma sociedade livre, justa e solidária."[9] (artigo 3º, I). (BRASIL, 1988, não paginado).

Essa, Jean Carlos, tem sido sua luta e que poderá ser constatada pelos leitores do livro agora lançado.

Profª. Dra. Cláudia Maria da Costa Gonçalves

Pós-Doutora em Direito pela Faculdade de Direito da Universidade de Lisboa. Mestre e Doutora em Políticas Públicas pela Universidade Federal do Maranhão. Profª. Associada da Universidade Federal do Maranhão (Departamento de Direito: Direito Constitucional; Programa de Pós-Graduação em Políticas - Mestrado e Doutorado: Meio Ambiente e Desenvolvimento Sustentável; Direitos Humanos). Procuradora do Estado do Maranhão. Ex-Procuradora Federal. Ex-Advogada da União.

9. BRASIL. Constituição (1988). **Constituição da República Federativa do Brasil**. Disponível em: <http://www.planalto.gov.br/ccivil_03/constituicao/constituicao. htm>. Acesso em: 8 set. 2017.

Sumário

1. INTRODUÇÃO 21

2. MODERNIDADE: ENTRE PROMESSAS, EXCESSOS E *DÉFICITS* 33

2.1 A ciência 36
2.2 O direito 40
2.3 O Estado 45
2.4 As fronteiras 48

3. O NORMATIVISMO JURÍDICO 53

3.1 A centralidade da norma 54

4. O INDIVIDUALISMO JURÍDICO 63
5. ELITISMO JURÍDICO 85

5.1 O ensino jurídico 99

6. CAMINHOS PARA DEMOCRATIZAÇÃO DO DIREITO ... 109

6.1 Demandas e seus equivalentes jurídicos 112
6.2 Demandas individuais e seu processo de individualização 116
6.3 Abertura de novos caminhos 127

7. CONCLUSÃO 141

REFERÊNCIAS 151

1. Introdução

O advento da Constituição de 1988, resultante de um intenso processo de efervescência cultural e política (GONÇALVES, 2011), e o movimento denominado "constitucionalização do direito", embora sejam, sem dúvida, a melhor novidade jurídica de fins do século passado e início deste, não significaram o fim do paradigma normativista que ainda impera no cenário jurídico brasileiro. Seu grande mérito, porém, reside no fato de deslocarem a centralidade do ordenamento jurídico do Código Civil – e, portanto, da própria teoria do direito –, privatista, para o texto constitucional de conteúdo compromissário e transformador.

Um quarto de século após sua criação, a realidade brasileira ainda denuncia aquilo que Comparato (1998), na década de 1990, chamava de morte espiritual da Constituição – o enorme fosso entre seu texto e a realidade que visava transformar –; a oitava maior economia é a mesma que construiu o oitavo maior índice de desigualdade social do planeta (BRASIL, 1988). Segundo Bauman (2013), uma das chagas mais evidentes dos regimes democráticos reside exatamente na contradição entre a universalidade formal dos direitos e a capacidade nem tão universal de seus titulares de exercer, de fato, esses direitos.

A crise por que atravessa o direito se manifesta, entre outros aspectos, no fato de este haver, discursivamente, assimilado as promessas da modernidade e se projetado, sem êxito, a concretizá-las. Essa crise, no entanto, não deve ser reduzida à (in)efetividade dos instrumentos e institutos jurídicos como se veicula por meio da afirmação de que o direito teria construído institutos avançados e modernos, a depender apenas da efetivação.

Em sentido mais abrangente, Streck (2005) afirma que essa crise é tanto de modelo (tradição liberal-invididualista--normativista), quanto epistemológica (filosofia da consciência). Sua superação, na qual significativa parte de seu esforço argumentativo é empregada, estaria na assimilação pelo direito das contribuições da viragem linguística (Gadamer). Por esse motivo, sustenta a necessidade de construção de uma hermenêutica filosófica no campo jurídico.

Adoto aqui a perspectiva de que essa crise é subparadigmática e se insere na crise do paradigma sociocultural da modernidade de que trata Santos (2011a). Ao desempenhar papel estratégico na redução das promessas da modernidade (liberdade, igualdade e fraternidade) ao desenvolvimento do capitalismo, o direito se tornou sinônimo de regulação/ordem e, com isso, tem se revelado incapaz de apresentar respostas adequadas às demandas sociais macroestruturais de elevada complexidade e que lhe reclamam solução. Essa incapacidade, porém, não resulta apenas de um problema de efetividade, como bem salienta Ferrajoli (2007), muito embora seja este, reconheço, um dos aspectos mais salientes dessa crise.

Não se trata, segundo compreendo, apenas de descompasso entre o pretendido (normativamente) e o provocado (concretamente) por meio da atuação do direito. Se o fosse, o esforço cognitivo deveria mesmo estar concentrado na criação de mecanismos que melhor efetivassem o direito normativamente construído.

O que a pesquisa – de que resultou este trabalho – revelou é que muitos de seus institutos, seus instrumentos processuais e sua hermenêutica estão estruturados em caráter não democrático. Uma maior efetividade do direito pode constituir um esforço vão, caso o que se busque efetivar não esteja, também, democratizado. É na busca pela democratização do direito que construo a crítica em que consiste, e de que resulta, este texto.

Identifico no (sub)paradigma normativista em que se assenta o direito uma das barreiras a serem superadas no sentido de sua democratização. Esse paradigma é resultante de dois fatores: a cientifização e a estatização do direito. Reside neles a garantia da redução do progresso social ao desenvolvimento capitalista contra eventuais "irracionalidades" não capitalistas provenientes da religião, da tradição da ética ou da metafísica (SANTOS, 2011a). A regulação, pela via do direito, passaria a ser a garantia de que as irracionalidades do capitalismo poderiam conviver com as promessas da razão libertadora do iluminismo.

Por meio da estatização, o direito despolitiza os conflitos. Em países periféricos, como o Brasil, em que as mudanças políticas, quase sempre, foram engendradas pelas elites integrantes e controladoras do Estado, esse processo reforçou o enquadramento das "histórias de vida e das formas de viver concretas e contextualizadas a uma burocratização e monetarização abstrata". Gerou também um enorme *déficit* de uma vivência comunitária. Além disso, é por meio da estatização que o direito miniaturiza a demanda, reduzindo sua carga de complexidade e impedindo a identificação de seus vínculos sociais e históricos de grande escala (SANTOS, 2011a, p. 158).

Por meio da cientifização, o direito se purificou. A purificação consistiu no distanciamento do "objeto", na análise jurídica, de toda e qualquer indagação que transbordasse a esfera estrita da norma estatal. De certo modo, é também a reprodução em moldes jurídicos da relação "sujeito/objeto" que informa a construção do pensamento científico moderno. Atado à teoria da norma e "puro" de qualquer cogitação que extrapole o "jurídico" (ou o que Kelsen e seus seguidores delimitaram como jurídico), o direito não apenas se revela incapaz de provocar mudanças profundas nesse quadro como, em muitos casos, ainda o legitima. Ao legitimá-lo, o próprio direito perde muito de sua legitimidade.

A convergência desses dois processos históricos (estatização e cientifização), sob o influxo das relações capitalistas, resultou num paradigma assentado em três pilares, nos quais identifico alguns dos limites de sua democratização: o normativismo, o individualismo e o elitismo. Esses fatores informam a construção e os contornos de seus institutos, de seus instrumentos processuais e de sua hermenêutica. Superá-los, pode levar a caminhos que apontem para a democratização do direito.

A análise está estruturada em três capítulos. No primeiro, trato do paradigma sociocultural da modernidade. Nele sustento, com base em Santos (2011a), que a modernidade trazia consigo promessas que se traduziram em excessos e *déficits*. Os excessos estão representados, entre outros fatores, pelo desperdício, pela degradação ambiental e pela concentração dos meios que permitem a vida. Entre os *déficits*, assume relevância para este trabalho o que se expressa na desigualdade em todas as suas expressões. Desigualdade é fronteira que separa os que podem e os que não podem ter acesso a algo. Logo, em tópicos separados, trato sobre o modo como a ciência e o Estado criaram os elementos para que o direito cumprisse o papel de fornecer os elementos jurídico-normativos para que se convertesse justiça em segurança, sobretudo através da criação de fronteiras jurídicas, num mundo que se pretende de liberdade.

O segundo capítulo está dividido em três partes. Na primeira, destaco como a cientifização do direito correspondeu à centralidade da norma na análise jurídica, tanto na dogmática quanto na jurisprudência. Insiro, historicamente, essa cientifização na emergência da Teoria Pura do Direito, de Kelsen, e no esforço que se seguiu a ela, no sentido de se definir um "objeto" da ciência jurídica em padrões, típicos da ciência moderna, de objetividade, neutralidade e segurança. Sustento que essa perspectiva teórica impediu a percepção de que o direito (e a ciência jurídica) brota das relações sociais e de forças (econômicas, políticas e culturais) que pretende regular. As denominadas "normas jurídicas", jamais "puras", são, em verdade, a reprodução textual, sempre contaminada por essas relações colmatas na realidade social. Por conseguinte, as denominadas "normas" são também fatos sociais.

Se em Kelsen essa postura constituiu uma opção teórica clara e consciente para "purificar" sua teoria, com o objetivo de delimitar seu "objeto", na prática jurídica brasileira, sempre aliada à forte tradição civilista, cujas raízes provêm do Código Civil Napoleônico, ela tornou o direito, preponderantemente, legitimação de relações jurídicas que se apresentam como "naturalizadas" e irreversíveis.

Na segunda parte, demonstro e discuto como o individualismo, segundo a lógica de acumulação capitalista – microética liberal de que trata Santos (2011a, p. 111) –, ao impregnar a estrutura, os institutos jurídicos e o processo, impede a construção de soluções democráticas para demandas graves e estruturais. Ela também está presente na estruturação do sistema de justiça, voltado à produção quantitativa, massiva e em série; na construção do instituto da propriedade e no seu caráter central atribuído pelo paradigma normativista; e, por fim, na dicotomia Estado/sociedade civil. Em relação à propriedade e à sua centralidade, resgato e aplico a distinção feita no marxismo entre apropriação-trabalho e propriedade-mercadoria, de forma a definir a prevalência daquela em detrimento desta.

Na terceira parte, discuto os limites da democratização do direito ao tratar do elitismo jurídico. Ressalto que o elitismo se manifesta, além dos aspectos discutidos nos capítulos anteriores, em outros dois: no acesso ao direito e na concepção de acesso à justiça segundo a lógica formal do processo judicial. No que tange ao acesso ao direito, desenvolvo, com base em Hespanha, Santos e Bourdieu, a perspectiva de que um direito formado por elites tende a ser um direito elitista. Sustento que a lógica individualista se manifesta e é estimulada já no lugar de formação do jurista – a faculdade de direito. No concernente ao acesso à justiça, sustento que o processo judicial, tal como configurado, constitui relação de poder que fixa fronteiras a todo instante. Uma dessas fronteiras, talvez a mais sútil, consiste na centralidade da verdade processual, em substituição à busca pela justiça. Essa centralidade converteu justiça em segurança. No paradigma normativo abstrato, o justo é justo, segundo o processo judicial e seus limites. O juiz julga a demanda e conforta sua consciência conforme os fatos processualmente construídos por meio de *experts* do fazer jurídico.

No terceiro capítulo, por fim, busco responder a três perguntas fundamentais, relacionadas, cada uma, aos três pilares que informam o paradigma normativista. A primeira pergunta pode assim ser formulada: ainda é possível sustentar a existência de uma dicotomia fato-norma? Ao respondê-la, proponho o seu abandono pela utilização das categorias *demandas e equivalentes jurídicos*. As demandas são todas construídas socialmente e historicamente determinadas. Os equivalentes jurídicos são a expressão no campo do direito da assimilação dessas demandas. Nem todas as demandas sociais repercutem no campo jurídico. Mesmo entre as que repercutem, os impactos são diferenciados de acordo com a importância que o campo jurídico atribui a determinado tipo de demanda. Por isso, sustento que é a demanda social, e não a "norma", abstratamente considerada, que deve constituir o ponto de partida da análise do jurista. O esforço cognitivo deve estar voltado para a identificação das demandas e dos fatores que impedem ou têm dificultado sua adequada assimilação pelo direito.

A segunda pergunta pode ser expressa da seguinte forma: é possível a existência de uma demanda individual? Ao respondê-la, demonstro a imprestabilidade da utilização das categorias "demandas individuais" e "direito coletivo", tal como configuradas no Brasil. Afirmo que há, em verdade, um processo de individualização das demandas sociais. Essa constatação desloca o cerne da questão do campo da dicotomia demanda individual/demanda coletiva para a discussão acerca dos fatores que presidem o processo de individualização das demandas sociais bem como os critérios de prevalência de uma demanda individualizada. Nesse caso, tão importante quanto a identificação das demandas sociais é perquirir o que tem impedido que elas sejam assimiladas pelo direito com a carga de complexidade e vínculos histórico-sociais com que se apresentam na realidade social. Sustento ainda que a lógica liberal-individualista tem silenciado uma demanda social histórica da sociedade brasileira: a vivência comunitária.

Em seguida, proponho a pergunta: como identificar demandas que não tocam diretamente os interesses do horizonte elitista do direito? Em resposta, valho-me de uma categoria cunhada por Santos e aqui aplicada ao direito. Trata-se da *solidariedade*, definida como forma de saber e prática social pautada pela reciprocidade intersubjetiva. Descentralizar a norma como epicentro da análise jurídica, transbordar os limites da lógica liberal-individualista e romper com o elitismo jurídico, constituem, respectivamente, o destino a que cada um desses caminhos deve conduzir. Todos convergem para a superação da fronteira que é o paradigma normativista.

No marxismo, Bloch (2011) afirma que a história é um somatório contraditório de demandas não resolvidas. Na história brasileira, há demandas estruturais e não resolvidas que são urgentes, graves e das quais resultam conflitos, cuja solução, em decorrência de sua envergadura e complexidade, exige a democratização do direito. No presente trabalho, exemplifico diversas dessas demandas. Muitas delas constituem um ponto cego no pensamento jurídico tradicional. Outras, embora assimiladas, perdem muito de sua complexidade e extensão.

O direito é espaço privilegiado de relações de poder que tanto se estabelecem *fixando fronteiras* quanto *abrindo novos caminhos* (SANTOS, 2011a). O movimento do pensamento, em que se traduz o presente texto, mobiliza ferramentas que podem abrir caminhos. A leitura do texto permitirá perceber que não se trata de estradas perfeitas e pavimentadas, como não poderiam mesmo ser. São ainda impregnadas de meandros e reentrâncias. Seu traçado, por outro lado, não é integralmente novo, já que, nelas, estão as pegadas daqueles que carregaram e/ou carregam consigo a mesma irresignação. Sigo por elas a passos firmes, porém, na certeza de que, se a estrada não for a correta, o que só a jornada e o tempo revelarão, a busca pelo destino, além de urgente, é um caminho sem volta.

Em todos esses capítulos, a crítica perpassa a teoria (dogmática) e a jurisprudência (aplicação); o direito material e o direito processual.

Este trabalho resultou de mais de dois anos de pesquisa desenvolvida no âmbito do mestrado em políticas públicas da Universidade Federal do Maranhão. Uma oposição entre a análise jurídica e a análise sociológica do direito aponta para o limite do que se convencionou como sendo o "objeto" da ciência do direito. A crítica aqui desenvolvida, embora não negue as especificidades típicas do campo jurídico, constitui-se, na perspectiva de abertura de novos caminhos, para além desse limite. Daí porque tão presente o diálogo necessariamente multidisciplinar, dada a complexidade estrutural do que analiso, com a história, com a teoria política e, principalmente, com a sociologia.

É também com essa perspectiva que não se encontrará nela o que Santos (2009) denomina de monocultura metodológica. A riqueza e a infinita complexidade do real reclamam, na presente análise, o rompimento com a rigidez metodológica, a qual Bourdieu (2012), tão lucidamente, distinguiu de rigor. Esse rigor foi observado, mas não impediu, como não deve mesmo, o necessário diálogo entre as correntes metodológicas úteis, especialmente diante da inesgotável diversidade da experiência do mundo (SANTOS, 2009), no diminuto fragmento da realidade que tomamos para conhecimento (WEBER, 1992).

Não se trata de sincretismo cego, mas de uma perspectiva de que a solidariedade como forma de conhecimento também deve traduzir-se na radicalidade do diálogo horizontal enriquecedor entre as diferentes correntes epistemológicas na constituição de uma ecologia do saber (SANTOS, 2009). A pesquisa da qual resultou este trabalho se aproxima também do Racionalismo Aberto e Crítico, tal como sustentado por Carvalho (2009), e que exige, segundo essa autora, uma "liberdade extrema" conjugada a uma "extrema vigilância".

Assim, à crítica ao direito aqui tecida são particularmente úteis categorias de diversas correntes teórico-metodológicas. Do marxismo, utilizo categorias como capitalismo, propriedade privada e lógica da acumulação. Ao tratar do Estado e de seu papel no sistema capitalista, realizo diálogo constante com essa teoria, em particular sobre o que ela elucida da relação Estado e capital. Da sociologia reflexiva de Bourdieu, valho-me da noção de campo judicial para descortinar o poder simbólico que preside a formação da decisão judicial, bem como da categoria etnocentrismo dominante para tratar da universalização de interesses das elites pelo direito. Da teoria crítica pós-moderna de oposição proposta por Santos (2011a), extraio, entre outras, categorias como modernidade, solidariedade e emancipação.

É lugar-comum no meio acadêmico a ideia de que fazer ciência constitui um ato solitário. Concordo. De fato, todo trabalho sincero de pesquisa envolve renúncia ao convívio daqueles que gostaríamos de ter por perto. Envolve recolhimento, reflexão e sossego necessários ao amadurecimento do conhecimento que se pretende levar a lume. Reconheço, entretanto, ao lado da solidão que acompanha esse ofício, a existência e o exercício pleno da solidariedade. É ela que permite a superação do que há de mais universal no fazer/produzir ciência – a dificuldade (BOURDIEU, 2012).

As discussões em sala de aula, as muitas reuniões com o orientador, as observações e críticas colhidas desde a apresentação do projeto à defesa do trabalho final, enfim, em todas essas atividades, o reconhecimento da dificuldade do outro e a contribuição para sua superação constituem expressão viva da solidariedade. Mas, mesmo na solidão dos livros, ela está presente, já que não se estuda sem diálogo. A cada palavra lida, no recolhimento da ausência, há diálogo inafastável entre autor e leitor. O que permite esse diálogo, quando passado, presente e futuro se intersectam e abrem novos caminhos – como afirmou Gadamer (2012) – é a linguagem.

É em razão da transformação que esse processo provocou em mim que sustento ao longo deste trabalho que a solidariedade pode constituir um caminho para a democratização do direito.

2. Modernidade: entre promessas, excessos e *déficits*

Um dos traços caraterísticos de uma revolução, no campo da teoria sociológica, é a ausência de limites temporais e espaciais para a produção de seus efeitos. É essa capacidade transformadora, sem limites predefinidos, que a distingue da reforma e da rebelião, e que são setoriais e de efeitos localizados.

Há revoluções que podem ser identificadas como tecnológicas, a exemplo da descoberta do fogo e da roda; outras, sociais como a que representa a mudança de paradigma em relação ao papel social da mulher. Essa identificação, porém, não é estanque. Dificilmente, uma nova descoberta tecnológica, por exemplo, não impactará as relações sociais; do mesmo modo, uma mudança transformadora nas relações sociais também alcançará a interação humana com a tecnologia.

É possível ainda que um mesmo movimento promova transformações profundas tanto no âmbito da tecnologia quanto no das relações sociais. Nesse caso, será uma revolução de efeitos ainda mais complexos, duradouros e intensos. A modernidade pode ser considerada um exemplo desse tipo de revolução. Para Santos (2011a, p. 50), ela é "um projeto ambicioso e revolucionário". Trata-se de um paradigma de larga escala, cuja aplicação seria capaz de superar os entraves que impedem a plenitude humana: a fome, as intempéries naturais, as formas de opressão, a injustiça, enfim.

Esse paradigma está assentado em dois grandes pilares por Santos (2011a) denominados de: emancipação e regulação. O primeiro pode ser subdividido em três outros de menor proporção: a racionalidade estético-expressiva das artes e da literatura; a racionalidade cognitivo-instrumental da ciência e da tecnologia; e a racionalidade moral-prática da ética e do direito. O segundo é composto por três princípios (que bem poderiam ser chamados lugares-sociais): estado, mercado e comunidade. Ambos os pilares foram constituídos segundo uma interação dialética e tensionada.

Entretanto, a emergência e a consolidação das relações capitalistas de produção, entretanto, desequilibraram irremediavelmente a tensão que deveria ser caracterizada pelo equilíbrio recíproco e dinâmico. E isso dentro e fora desses pilares. Internamente, na regulação, por exemplo, houve uma hipertrofia do princípio de mercado em relação aos outros dois, sobretudo em relação ao princípio da comunidade.

No âmbito da emancipação, a hipertrofia se verificou em favor da racionalidade cognitivo-instrumental da ciência e da tecnologia e da racionalidade do direito, em detrimento da racionalidade estético-expressiva das artes e da literatura. Externamente, significou a redução do propósito emancipatório à regulação; das promessas da modernidade ao desenvolvimento do capitalismo, da justiça à segurança.

O resultado desse desequilíbrio, historicamente construído, foi a transformação das promessas da modernidade, representadas no lema "liberdade, igualdade e fraternidade", em *déficits* e excessos (SANTOS, 2011a, p. 50). Os excessos são hoje traduzidos por meio da questão ecológica, que se caracteriza pelo desenvolvimento que gera o desperdício e pela degradação ambiental. Podem também ser identificados pela abundância da riqueza, dos produtos para o consumo, pelo desperdício de alimentos.

Os *déficits* se traduzem nas carências em geral, na fome que mata mais que qualquer peste de tempos medievais, na pobreza extrema que alcança quase metade da população mundial, na negação de direitos, entre outros. A convivência de ambos tem sido possível, paradoxalmente, graças à fixação de fronteiras. Acerca das fronteiras, tratarei à frente, em tópico específico, dada a sua relevância neste trabalho.

Esse paradigma é essencialmente construído na Europa ocidental, em seguida ao fim da Idade Média. Foi lá também que seus efeitos puderam ser sentidos de forma mais intensa e profunda. Em realidades pós-coloniais como a brasileira, embora não se possa negar seus impactos, ele assumiu especificidades de ordem temporal, espacial e estrutural. Suas mudanças não ressoaram imediatamente na realidade colonial, mas, por outro lado, sofreram, em regra, o amálgama dos interesses locais dominantes, "adaptando-as" à realidade hierarquizada da sociedade colonial. Por fim, qualquer promessa libertadora pressupunha a manutenção do sistema colonial escravagista, que abasteceu os cofres da metrópole europeia.

Com a ruptura do sistema colonial e posterior proclamação da república, os impactos do paradigma da modernidade passaram a ser sentidos de forma mais intensa. Foi ali também que o contraste entre excessos e *défícts* passou a exigir fronteiras de "convivência" mais sofisticadas, mas nem por isso menos rígidas, o que ajuda a compreender o papel destacado exercido pelo direito nesse tipo de sociedade.

Considerados, respectivamente, deficiências temporárias e desvios fortuitos, a gestão de excessos e *défícts* foi, segundo Santos (2011a), confiada à ciência e ao direito. Acrescento, porém, que, além deles, foi fundamental o papel desempenhado pelo Estado. Ao presente trabalho, interessa mais particularmente o papel desempenhado pelo direito. Tratarei a seguir, superficialmente, sobre a ciência e o Estado tão somente para analisar de que modo o direito cumpriu esse papel. Ao cumpri-lo, o direito revela o seu caráter deficitário.

2.1 A ciência

A ciência moderna continha o ambicioso projeto de superar os entraves para promoção do desenvolvimento humano livre e autônomo. Esses entraves estavam associados à excessiva presença da religiosidade como forma de compreender a natureza e interagir com ela; à ignorância acerca das leis que regem a vida; à violência caracterizada pela vingança e pela ausência de mecanismos externos de controle; à identificação do senso comum como expressão de um saber falso e supersticioso. Para superá-los, realizou-se um enorme esforço de construção do método, isto é, de um procedimento capaz de conduzir o pesquisador e, nesse sentido, a própria humanidade (ocidental?), ao conhecimento seguro e verdadeiro.

Esse esforço está essencialmente assentado da distinção entre "sujeito" e "objeto", na crença de que a matemática é a ciência pura e verdadeira por excelência e na ideia de progresso. Na prática, essa distinção significou, como lembra Santos (2011a, p. 83), a consagração do ser humano como sujeito epistêmico e o seu esquecimento/negação como sujeito empírico, o que foi "crucial para consolidar uma concepção de conhecimento instrumental e regulatório".

Nessa perspectiva, a matemática foi considerada a ciência de conhecimento verdadeiro, caracterizada pela completude e pela admissão de prova irrefutável. A perspectiva de certeza, sobretudo pela quantificação comprobatória, seria um guia seguro para se chegar a um conhecimento verdadeiro e livre das superstições, tão presentes no conhecimento de viés religioso ou do senso comum. Para Santos (2011a, p. 63):

> A matemática fornece à ciência moderna, não só o instrumento privilegiado de análise, como também a lógica da investigação, e ainda o modelo de representação da própria estrutura da matéria. Para Galileu, o livro da natureza está inscrito em caracteres geométricos e Einstein não pensa diferente. Desse lugar central da matemática na ciência moderna derivam duas consequências principais. Em primeiro lugar, conhecer significa quantificar. O rigor científico afere-se pelo rigor das medições. As qualidades intrínsecas do objeto são, por assim dizer, desqualificadas e em seu lugar passam a imperar as quantidades em que eventualmente se podem traduzir. O que não é quantificável é cientificamente irrelevante. Em segundo lugar, o método científico assenta na redução da complexidade.

Reside aí, segundo Santos (2011a), o caráter de ruptura mas também totalitário da ciência moderna. É ruptura porque em seu método e estrutura rompe com as formas anteriores de conhecimento. É totalitária, porque nega qualquer outra forma de conhecimento. Esse paradigma está alicerçado, inicialmente, nas contribuições de Copérnico (teoria heliocêntrica do movimento dos planetas), de Kepler (leis acerca das órbitas dos planetas), de Galileu (gravidade), de Newton (grandes leis da física) e na formação filosófico-metodológica de Bacon e Descartes.

O objeto por excelência dessa nova forma de conhecer foi (é) a natureza (não-humana). O conhecimento científico permitiria descobrir as leis (axioma causa e efeito) que presidem a formação da matéria e que se repetem em qualquer tempo e espaço desde que aplicadas às mesmas condições que permitiram a sua "descoberta". A natureza assim desnudada poderia ser dominada/controlada e estaria a serviço da humanidade. A capacidade de compreender cedeu lugar a de dominar/transformar. Nesse aspecto, reside também o seu caráter totalitário e instrumental. As ditas ciências naturais passam a ser o grande modelo no mundo ocidental de produção do conhecimento por vias seguras e verdadeiras, objetivando progresso e segurança.

A primeira tentativa de inserir o sujeito (o ser humano como sujeito epistêmico) na condição de objeto (o ser humano como sujeito empírico) – mas, preservando a relação sujeito-objeto –, em grande medida em razão da necessidade experimentada de consolidar as relações capitalistas de produção – pode ser creditada à emergência das denominadas ciências sociais no final do século XIX. Santos (2011a) associa duas vertentes a essa tentativa. A primeira considera que as ciências naturais detêm o conhecimento verdadeiro, a que as ciências sociais, então emergentes, deveriam aspirar. A noção de uma "física social", como pretendeu Comte é bem o símbolo do que aqui se afirma. A segunda,

> [...] reivindica para as ciências sociais um estatuto metodológico próprio. [...] Para alguns, é a própria ideia de ciência da sociedade que está em causa, para outros trata-se tão-só de empreender uma ciência diferente. O argumento fundamental é que a ação humana é radicalmente subjetiva. O comportamento humano, ao contrário dos fenômenos naturais, não pode ser descrito e muito menos explicado com base nas suas características exteriores e objetiváveis, uma vez que o

> mesmo ato externo pode corresponder a sentidos de ação muito diferentes. A ciência social será sempre uma ciência subjetiva e não objetiva como as ciências naturais. (SANTOS, 2011a, p. 67).

Ambas as vertentes são prisioneiras da ideia de precedência e superioridade das ciências ditas naturais. No século XXI, essa epistemologia está em crise. Em níveis profundos, essa crise se caracteriza pela transição da ciência moderna para um novo paradigma, além de ser "o resultado interativo de uma série de condições" que podem ser classificadas em sociais e teóricas. Curiosamente, é justamente no campo das ciências ditas naturais que a crise se revela mais evidente. Santos (2011a, 69) inicia uma longa digressão teórica para explicar como os principais pilares da ciência moderna estão hoje abalados. No âmbito da astrofísica, Einstein relativiza o caráter absoluto das leis de Newton; na microfísica, Heinsenberg e Bohr, no domínio da mecânica quântica, "demonstram que não é possível observar ou medir o objeto sem interferir nele, sem o alterar, e a tal ponto que o objeto que sai de um processo de medição não é o mesmo que lá entrou". As investigações de Gödel, por sua vez, conduzirão ao teorema da incompletude matemática. Por fim, o físico-químico Ilya Prigogine constrói a teoria das estruturas dissipativas e o princípio da "ordem através de flutuações", pelos quais:

> Em sistemas abertos, ou seja, em sistemas que funcionam nas margens da estabilidade, a evolução se explica por flutuações de energia que em determinados momentos, nunca inteiramente previsíveis, desencadeiam espontaneamente reações que, por via de mecanismos não lineares, pressionam o sistema para além de um limite máximo de instabilidade e o conduzem a um novo estado macroscópico. Esta transformação irreversível e termodinâmica é o resultado da interação de processos

> microscópicos segundo uma lógica de auto-organização numa situação de não-equilíbrio. (SANTOS, 2011a, p. 70).

O resultado da emergência dessas novas investigações foi o colapso da centralidade no paradigma da ciência moderna dos princípios da legalidade[1] e da causalidade. No lugar da lei, assume relevância o sistema, a estrutura e o processo. No lugar da causa, o finalismo. Santos (2011a) identifica nessas novas investigações a transição para um novo paradigma do conhecimento, assentado em quatro pressupostos básicos: o conhecimento-regulação deve ceder lugar ao conhecimento--emancipação; todo conhecimento é autoconhecimento; toda ciência é ciência social; a ciência é (possui natureza) retórica.

2.2 O direito

O paradigma da modernidade esgotou suas possibilidades emancipatórias quando suas promessas de libertação individual e coletiva foram reduzidas ao desenvolvimento do capitalismo.

1. Talvez, uma expressão desse esforço de identificação de leis e da causalidade, como categorias de análise, possa ser encontrado no marxismo, como se pode depreender na obra de Cheptulin (1975, p. 224-252). Para esse autor, lei "é [...] o que se manifesta, necessariamente, nas condições apropriadas. Por exemplo, a lei do valor, que exprime a dependência do preço da mercadoria da quantidade de trabalho socialmente necessária para uma produção e que age necessariamente em qualquer lugar em que haja uma produção mercantil. Tomemos um outro exemplo: a lei física da dependência da residência de um condutor e a composição de sua substância, seu comprimento e sua secção, que se manifesta necessariamente à cada passagem de corrente elétrica, porque ela depende da natureza da substância, da qual é fabricado o condutor, e das características objetivas que lhe são próprias". Quanto à causa, afirma esse autor: "Na realidade, o laço de causa e efeito é próprio não somente aos aspectos exteriores dos objetos, não somente ao domínio dos fenômenos, mas igualmente aos aspectos internos e necessários, ao domínio da essência, assim como à correlação do interno com o externo, da essência como fenômeno".

O direito desenvolveu papel fundamental nesse processo. Dois fatores são apontados por Santos (2011a) para explicar como e o que tornou isso possível. O primeiro foi sua cientifização; o segundo, sua estatização. Ambos convergem para a formação de um paradigma do direito – o (sub)paradigma normativista.

> Ao direito moderno foi atribuída a tarefa de assegurar a ordem exigida pelo capitalismo, cujo desenvolvimento ocorrera num clima de caos social que era, em parte, obra sua. O direito moderno passou, assim, a constituir um racionalizador de segunda ordem da vida social, um substituto da cientifização da sociedade, e ersatz que mais se aproxima - pelo menos no momento - da plena cientifização da sociedade que só poderia ser fruto da ciência moderna. Para desempenhar essa função, o direito moderno teve de se submeter à racionalidade cognitivo-instrumental da ciência moderna e tornar-se ele próprio científico. A cientifização do direito moderno envolveu também a sua estatização, já que a prevalência política da ordem sobre o caos foi atribuída ao Estado moderno [...]. (SANTOS, 2011a, p. 120).

Santos (2011a) afirma que o momento decisivo desse processo ocorreu no século XIX. É nele que a tensão entre regulação e emancipação entra definitivamente em desequilíbrio, em favor da primeira. O Estado transforma os ideais éticos e políticos em necessidades regulatórias do capitalismo, e o direito, separando-se dos princípios éticos, torna-se "um instrumento dócil da construção institucional e da regulação de mercado". No plano epistêmico, a filosofia que constituiu o substrato desse complexo processo ficou conhecida como positivismo.

> O positivismo é a consciência filosófica do conhecimento-regulação. É uma filosofia da ordem sobre o caos tanto na natureza quanto na sociedade. A ordem é a regularidade, lógica e empiricamente estabelecida através de um conhecimento sistemático. O conhecimento sistemático e a regulação sistê-

> mica são as duas faces da ordem. O conhecimento sistêmico é o conhecimento das regularidades observadas. A regulação sistemática é o controle efetivo sobre a produção e reprodução das regularidades observadas. Formam, em conjunto, a ordem positivista eficaz, uma ordem baseada na certeza, na previsibilidade e no controle. (SANTOS, 2011a, p. 139).

A superação do hiato entre a ciência natural (natureza enquanto "ser") e a ciência social ("dever-ser") coube ao direito moderno: estatizado e científico. Essa seria também a garantia da redução do progresso social ao desenvolvimento capitalista contra eventuais "irracionalidades" não capitalistas provenientes da religião, da tradição da ética ou da metafísica (SANTOS, 2011a). A regulação, por via do direito, passaria a ser a garantia de que as irracionalidades do capitalismo pudessem conviver com a razão libertadora do iluminismo.

A cientifização do direito correspondeu à sua purificação. O direito puro de Kelsen é a versão jurídica do positivismo social de Comte. A purificação consistiu no distanciamento do "objeto" de análise jurídica de toda e qualquer indagação que transbordasse a esfera estrita da norma estatal. De certo modo, é também a reprodução, em moldes jurídicos, da relação "sujeito/objeto" que informa a construção do pensamento científico moderno. Para Santos (2011a, p. 165):

> Do positivismo jurídico à autopoiese, o pressuposto ideológico foi sempre o de que o direito devia desconhecer, por ser irrelevante, o conhecimento social científico da sociedade e, partindo dessa ignorância, deveria construir uma afirmação epistemológica própria ('direito puro', 'direito auto-referencial', 'subjetividade epistémica do direito').

A estatização, por outro lado, correspondeu à despolitização dos conflitos e, em certa medida, da própria sociedade.

Em países periféricos, como o Brasil, em que as mudanças políticas, quase sempre, foram engendradas pelas elites políticas integrantes e controladoras do Estado, esse processo reforçou o enquadramento das "[...] histórias de vida e das formas de viver concretas e contextualizadas e a uma burocratização e monetarização abstrata" (SANTOS, 2011a, p. 158). Essa despolitização coincide, de certo modo, com a denominada *renúncia tácita* de que trata Bourdieu (2012, p. 233), especialmente quando refere que:

> O campo jurídico reduz aqueles que, ao aceitarem entrar nele, renunciam tacitamente a gerir eles próprios o seu conflito (pelo recurso à força ou a um árbitro não oficial ou pela procura direta de uma solução amigável), ao estado de clientes dos profissionais; ele constitui os interesses pré-jurídicos dos agentes em causas judiciais e transforma em capital a competência que garante o domínio dos meios e recursos jurídicos exigidos pela lógica do campo.

Além disso, a estatização significou a miniaturização dos conflitos sob a apreciação do direito. Com ela, segundo Santos (2011a, p. 152), o direito, de abstrato e universal, torna-se contextualizado, diferenciado, particularista e circunstancial.

Aqui é importante uma ressalva. Essa contextualização do direito decorre da divisão do trabalho no campo jurídico (BOURDIEU, 2012) e como forma de tornar concreto um direito inicialmente abstrato. Essa divisão do trabalho, por sua vez, permitiu a segmentação do direito, mas não significou – não no Brasil – uma abertura cognitiva para a realidade que o afastasse de seu caráter abstrato. Ao contrário, à cientifização e à estatização do direito correspondeu a criação de soluções cada vez mais formais e divorciadas da realidade a cujos problemas se destinava.

A assertiva de Santos (2011a), entretanto, é válida à realidade brasileira em, pelo menos, dois sentidos. O primeiro corresponde à hiperespecialização do direito e de sua incapacidade de apresentar respostas que não sejam setorizadas/particularistas, o que, de certa forma, coincide com a perspectiva de que qualquer mudança "normal"/regulada é aceita, desde que resguardado o futuro capitalista. Não por acaso, é enorme a prevalência/ênfase dada, durante os séculos XIX e XX, ao desenvolvimento do direito chamado privado, considerado o espaço jurídico próprio para solucionar conflitos de índole individual, basicamente entre dois "sujeitos de direitos", igualmente autônomos e capazes – reside aí uma das razões centrais da crise que caracteriza o direito do século XXI. Segundo Mascaro (2008b, p. 133), "o mundo capitalista é o dos sujeitos de direitos, mas neste mundo há sujeitos que têm mais direitos e sujeitos com mais obrigações".

O segundo sentido, correlato ao primeiro, consiste no fato de que o direito assimila e ressignifica os conflitos conforme uma caricatura/uma projeção, que, na linguagem jurídica, é denominada processo judicial. Ocorre que, com essa redução (a que corresponde a própria redução do direito ao Estado), denominada por Santos (2011a) de miniaturização, torna-se cada vez mais difícil identificar as causas reais e profundas das demandas que lhe batem à porta, principalmente porque determinadas demandas não são por ele identificadas e assimiladas.

A convergência desses dois fatores reduziu em muito a capacidade do direito de apresentar respostas efetivas aos conflitos de grande envergadura e complexidade, o que repercute na sua própria legitimidade/efetividade. Ao desempenhar papel estratégico na redução das promessas da modernidade ao desenvolvimento do capitalismo, o direito tornou-se sinônimo de regulação/ordem e, com isso, tem se revelado incapaz, nos marcos do paradigma normativista, de apresentar respostas adequadas (democráticas) às demandas macroestruturais. Neste fato reside o seu caráter deficitário, que o torna, ele mesmo, uma promessa não cumprida da modernidade.

2.3 O Estado

Mesmo que formas sociais políticas tenham existido em diversas culturas e desde o advento do que se denominou civilização, em particular com a superação das formações sociais familiares, a forma política estatal, pelo menos na complexidade em que hoje se apresenta, é um fenômeno essencialmente recente e intrinsecamente ligado à emergência do capitalismo. A relação de dominação estabelecida em modos de produção anteriores ocorreu de forma direta, isto é, as classes e grupos dominantes impunham hegemonicamente sua vontade e interesses às classes e aos grupos dominados sem a intervenção de um terceiro. No modo de produção escravagista, por exemplo, não se poderia supor que o Estado exercesse grande apelo ou buscasse sofisticada forma de legitimação perante os escravos, então considerados objetos de trabalho, sequer titulares de direitos formais.

Num contexto como esse, toda a forma Estado era controlada e exercida pelos grupos tidos por superiores, seja em decorrência de uma superioridade apoiada ideologicamente na religião ou mesmo na concepção de raça. Sua estrutura e atividades tinham dois fins básicos: o exercício da dominação sobre os grupos explorados, que não eram considerados integrantes do corpo social que os legitimava, e, nesse aspecto, um fim interno e essencialmente econômico; e um externo, econômico e político, sustentado pela proteção dos interesses das classes privilegiadas perante outros povos. No primeiro, o objetivo essencial era a exploração, a produção da riqueza em favor da minoria privilegiada; no segundo, a guerra e o desenvolvimento bélico, sempre aliada à manutenção e à expansão dos impérios, ou proteção contra estes, mecanismo que também alimentava o sistema de mão de obra.

Em geral, não havia qualquer possibilidade de acesso aos cargos e postos oficiais pelas classes dominadas. O Estado, em sua forma mais simples e embrionária, estava a serviço imediato dos interesses das classes, grupos e sujeitos que controlavam os meios de produção e dominavam as estruturas sociais hegemônicas (gênero, raça, sexualidade, etc.). Um eventual discurso ideológico justificador da existência do Estado somente teria ressonância entre as camadas livres e privilegiadas. Em outras palavras e em síntese, a dominação econômica coincidia, *in totum*, com a dominação política (MASCARO, 2013). A relação de exploração do ser humano pelo seu semelhante, em níveis ainda mais escancarados que nos dias atuais, não exigia artifícios materiais e ideológicos muito complexos para que se firmasse. A violência nesse cenário não possuía véus sofisticados.

A grande mudança surge com o advento do capitalismo. As relações comerciais adquiriram grande complexidade e exigiram a ampliação cada vez maior de normas e de aparato administrativo correspondente, capazes de permitir a perpetuação do sistema de livre concorrência (POLANYI, 2000). Eis a gênese mais imediata do Estado na modernidade e onde está radicada sua natureza capitalista.

A forma Estado, portanto, não resultou do interesse imediato deste ou daquele capitalista, deste ou daquele grupo, mas sim de uma articulação histórica e dialeticamente construída com o capital (MASCARO, 2013). É dessa articulação o resultado efetivo e concreto de um sistema de expansão das relações comerciais, o qual não se consolidou senão permeada por ajustes e acoplamentos contraditórios e complexos. Como bem ressalta Farias (2001, p. 26-27), o Estado é "uma totalidade concreta complexa e contraditória" e que possui com o capital uma relação orgânica.

Dois fatores são distintivos da forma estatal num contexto capitalista em relação às expressões políticas anteriores. O primeiro consiste na mutação que o Estado sofre (FARIAS, 2001, p. 33), sobretudo com a superação do feudalismo e em decorrência do desenvolvimento das relações comerciais e das mudanças na lógica das relações de produção. A partir de então, o Estado projeta-se como ser relativamente autônomo em relação ao que se convencionou chamar de "sociedade civil" e ao mercado. Se, como dito, a dominação em modos de produção anteriores era direta, agora passa a ser mediada pelo Estado capitalista[2]. Se a burguesia criou um mundo à sua imagem e semelhança, como afirmaram Marx e Angels (2013, p. 43), é preciso acrescentar, o capital criou o Estado à sua imagem e semelhança. A sua natureza, portanto, é capitalista. A apreensão desse fenômeno, estritamente ligado ao desenvolvimento do próprio Direito, é didaticamente apreendido por Mascaro (2013, p. 18):

2. Segundo Martins (2000. p. 163), na medida em que, na sociedade capitalista, o Estado se tornou expressão do poder político do capital, na tentativa de amansar os insubmissos e de administrar o conflito social, é nele que o capital ganha a sua cara política. É ali que se reencontra com as contradições, as quais, em grande parte, conseguiu mascarar no interior do processo de produção, na relação face a face, entre o capitalista e seus agentes, de um lado, e o trabalhador do outro.

> Devido à circulação mercantil e à posterior estruturação de toda a sociedade sobre parâmetros de troca, exsurge o Estado como terceiro em relação à dinâmica entre capital e trabalho. Este terceiro não é um adendo nem um complemento, mas uma parte necessária da própria reprodução capitalista. Sem ele, o domínio do capital sobre o trabalho assalariado seria domínio direto – portanto, escravidão ou servidão. [...] A sua separação em face de todas as classes e indivíduos constitui a chave da possibilidade da própria reprodução do capital: o aparato estatal é a garantia da mercadoria, da propriedade privada e dos vínculos jurídicos de exploração que jungem o capital e o trabalho.

O segundo fator distintivo consiste na necessidade permanente do uso de artifícios discursivos pelo Estado para encobrir a relação de dominação. Se a dominação não é mais imediata e direta, para que o Estado se legitime, necessita projetar-se como a encarnação do interesse público, isto é, de um interesse que esteja acima dos conflitos travados na "sociedade civil", que fica, em tese, relegado para o plano do que a teoria jurídica tradicional convencionou chamar de direito privado. Embora o uso da violência permaneça, mecanismos como o direito o legitimam e ganham centralidade.

É exatamente da natureza do Estado moderno que se extrai a compreensão de como o direito, especificamente o direito estatal, pôde cumprir um papel destacado na redução das energias emancipatórias da modernidade ao desenvolvimento do capitalismo.

2.4 As fronteiras

A ciência e o direito modernos, garantidos e regulados pelo Estado, criaram as condições para que o capitalismo se tornasse hegemônico e reduzisse o potencial emancipatório do paradigma da modernidade aos objetivos de seu próprio desenvolvimento. Todo futuro seria possível, desde que capitalista. Não é por acaso a enorme preocupação com a criação de mecanismos, jurídicos e técnicos/tecnológicos, que assegurem estabilidade e segurança, em detrimento de objetivos atrelados à superação dos fatores que justificaram discursivamente o próprio surgimento do paradigma da modernidade (fome, guerras, doenças, violência, etc.).

Um dos resultados mais evidentes e também mais desastrosos do redirecionamento dessas energias é a conversão das promessas, liberdade, igualdade e fraternidade em excessos e em *déficits*. A abundância é simbolizada, entre outros fatores, pela produção massiva de bens, pela degradação ambiental, pela riqueza exuberante, pelo crescimento populacional, pelos inchaços urbanos. Já os *déficts* são representados pela carência, pela falta dos bens que permitem a vida digna, pela fome, pela negação de direitos.

A convivência de ambos, além de ser um dos traços mais significativos de nosso tempo, tem sido possível graças a um artifício, técnico-jurídico, paradoxalmente disseminado no mundo que se pretende de liberdade: a fronteira. Criar fronteira é separar o "joio" do "trigo", ou seja, os que podem (elite) e os que não podem (excluídos) ter acesso a algo. Ela pressupõe a diferença, já que só há sentido em criá-la se o que estiver do lado de lá dela, for diferente (normalmente, considerado pior) do que há do lado de cá. Se ambos os espaços, interno e externo, fossem iguais, similares ao menos, o esforço necessário à sua criação e manutenção seria inútil e injustificável.

A fronteira, portanto, converte/institucionaliza diferença em desigualdade, contraste em contradição. É também o que pressupõe e legitima materialmente a inclusão e a exclusão, a segurança e a insegurança. Linha da pobreza, condomínios urbanos, sistema de cotas, imigração, racismo e refugiados são questões, em âmbitos diversos, mais evidentes de um espaço social que é, a todo instante, apartado e seletivo.

O paradoxo, porém, não é recente. Ele integra a própria formação do capitalismo. Segundo Polanyi (2000), o dogma do *laissez-faire* se consolida a partir de uma contradição inerente – o eixo central do discurso de livre comércio resulta, em última instância, de forte intervenção estatal[3].

> Não havia nada natural em relação ao laissez-faire; os mercados livres jamais poderiam funcionar deixando apenas que as coisas seguissem o seu curso. Assim como as manufaturas de algodão – a indústria mais importante do livre comercio – foram criadas com a ação de tarifas protetoras, de exportações subvencionadas e de subsídios indiretos dos salários, o próprio laissez-faire foi imposto pelo estado. (POLANYI, 2000, p. 170).

A criação das barreiras jurídico-institucionais, que resultaram na formação dos Estados-nacionais e na criação/delimitação de suas respectivas fronteiras, constituiu naquele contexto um importante mecanismo de acumulação e de controle, fundamental para a consolidação interna das relações capitalistas de produção. Significou também, num contexto de expansão

---

3. Afirma esse autor: "Esse paradoxo [o de que para garantir um sistema livre da intervenção do Estado necessário fortaleceu-se o caráter interventivo deste] foi sobrepujado por um outro. Enquanto a econômica *laissez-faire* foi o produto da ação deliberada do Estado, as restrições subsequentes ao laissez-faire se iniciaram de maneira espontânea. O *laissez-faire* foi planejado; o planejamento não. A primeira metade desta afirmativa é verdadeira, como mostramos acima. Se alguma vez já se fez uso consciente do executivo, a serviço de uma política deliberadamente controlada pelo governo, isto ocorreu com os benthamitas no período heroico do *laissez-faire*" (POLANYI, 2000, p. 172).

imperialista, instrumentos de "repartição" do resultado do processo de espoliação, ao qual foram submetidos os povos colonizados. A denominada "globalização", mundialização do capital, ao superar "fronteiras econômicas" e criar cada vez mais "fronteiras sociais", constitui versão atualizada do fenômeno analisado por Polanyi (2000), embora com implicações mais amplas e mais graves.

Direito e ciência tanto podem atuar para superar fronteiras como para fixá-las. Em ambos os casos, a fronteira pode ser um resultado da atuação de ambos e também constituir um limite intrínseco para cada um desses pilares. No caso do direito, o paradigma normativista é o que tem possibilitado a criação de tantas fronteiras. É também o que tem tornado o próprio direito uma fronteira, já que, em razão dele, o direito tem cumprido o seu papel de garantia de segurança para a manutenção e desenvolvimento do sistema capitalista. Logo, a fronteira tanto é resultante da atuação do paradigma normativista como inerente a ele. A sua superação pode conduzir à democratização do direito.

3. O normativismo jurídico

A redução das promessas da modernidade ao desenvolvimento do capitalismo foi possível graças à atuação estratégica de três fatores: a ciência, o direito e o Estado. Para o presente trabalho, interessa, mais particularmente, o papel desempenhado pelo direito. O direito tornou-se sinônimo de regulação/ordem e, com isso, tem se revelado incapaz, nos marcos do paradigma normativista, de apresentar respostas adequadas (democráticas) às demandas macroestruturais fincadas na formação histórica da sociedade brasileira.

Essa incapacidade é encontrada no paradigma amplamente hegemônico no Brasil: o normativismo de matriz kelseniana, com as especificidades da realidade. Identifico três fatores preponderantes que concorrem para isso e impedem a própria democratização do direito. São eles: a centralidade da norma; o individualismo, característico da lógica de acumulação capitalista; e o elitismo jurídico. Os três se consolidam a partir da estatização e da cientifização do direito. Por meio da análise desses três fatores, cada um em capítulo específico, discuto a ciência do direito e sua aplicação; o direito material e o processual.

Nessa análise, tento observar, tanto quanto possível, a advertência de Bourdieu (2012), pela qual devem ser evitados dois equívocos comumente cometidos em debates acerca do direito: o formalismo, ao considerar o direito como instância pura e autônoma em relação ao mundo social; e o instrumentalismo, no exato oposto, quando o direito é mero reflexo ou utensílio a serviço dos dominantes. A autonomia é sustentada e a instrumentalidade também. Ambas, porém, em caráter relativo, tanto podem estar a serviço de interesses dominantes como podem constituir práticas contra-hegemônicas.[1]

3.1 A centralidade da norma

Segundo o paradigma hegemônico, o direito é norma. Em Kelsen (2003), é um conjunto de normas denominado de ordenamento jurídico, escalonado segundo regras procedimentais de elaboração da norma inferior pela superior. É para essas regras, segundo ele, que o conhecimento jurídico deve estar voltado.

> [...] o conhecimento jurídico dirige-se a estas normas que possuem o caráter de normas jurídicas e conferem a determinados fatos o caráter de atos jurídicos (ou antijurídicos). Na verdade, o Direito, que constitui o objeto deste conhecimento, é uma ordem normativa da conduta humana, ou seja, um sistema de normas que regulam o comportamento humano.

1. Assim, segundo Wolkmer (2012, p. 217): "[...] ao se constituir no reflexo ideológico de um processo social dominante, o Direito consolida e garante as necessidades e interesses político-econômicos dos setores produtivos hegemônicos de uma dada formação social. Mas, mesmo que o traço forte do Direito moderno venha a ser a corporificação da vontade estatal, a condensação das relações de forças e o controle repressivo a favor das forças dominantes, não se pode reduzir peremptoriamente que este mesmo Direito está a serviço da ocultação/dominação, pois é possível forjar e utilizar o Direito como instrumento de luta, de defesa e de libertação contra as formas de dominação imposta".

> Com o termo 'norma' se quer significar que algo deve ser ou acontecer, especialmente que um homem se deve conduzir de determinada maneira. É este o sentido que possuem determinados atos humanos que intencionalmente se dirigem à conduta de outrem. Dizemos que se dirigem intencionalmente à conduta de outrem não só quando, em conformidade com o seu sentido, prescrevem (comandam) essa conduta, mas também quando a permitem e, especialmente, quando conferem o poder de a realizar, isto é, quando a outrem é atribuído um determinado poder, especialmente o poder de ele próprio estabelecer normas. (KELSEN, 2003, p. 5).

Da base ao topo do ordenamento jurídico, as normas buscam seu fundamento no modo de elaboração e não no seu conteúdo. São normas jurídicas válidas todas aquelas que são elaboradas pelo Estado, conforme o procedimento previsto na norma superior de onde retira a sua validade[2]. No ápice do sistema, está a norma jurídica fundamental pressuposta. Para este autor, a aludida norma teria duplo caráter lógico-jurídico e jurídico-positivo.

Já Bobbio (1995, p. 21), que bem assimilou o paradigma normativista, fazendo referência a outra obra sua, Teoria da Norma, conceitua o direito:

> A nosso ver, a teoria da instituição teve o grande mérito de pôr em relevo o fato de que se pode falar de Direito somente onde haja um complexo de normas formando um ordenamento, e que, portanto, o Direito não é norma, mas um

2. Para Kelsen (2003, p. 33): "Uma 'ordem' e um sistema de normas cuja unidade é constituída pelo fato de todas elas terem o mesmo fundamento de validade. E o fundamento de validade de uma ordem normativa é - como veremos - uma norma fundamental da qual se retira a validade de todas as normas pertencentes a essa ordem. Uma norma singular é uma norma jurídica enquanto pertence a uma determinada ordem jurídica, e pertence a uma determinada ordem jurídica quando a sua validade se funda na norma fundamental dessa ordem".

> conjunto coordenado de normas, sendo evidente que uma norma jurídica não se encontra jamais só, mas está ligada a outras normas com as quais forma um sistema normativo [ordenamento jurídico].

Mais à frente, Bobbio (1995, p. 31) assim define o direito: "o termo 'direito', na mais comum acepção do direito objetivo, indica um tipo de sistema normativo, não um tipo de norma". No mesmo viés, Kelsen (2003, p. 33), ao identificar direito e ordenamento, afirma:

> Uma 'ordem' e um sistema de normas cuja unidade é constituída pelo fato de todas elas terem o mesmo fundamento de validade. E o fundamento de validade de uma ordem normativa é – como veremos – uma norma fundamental da qual se retira a validade de todas as normas pertencentes a essa ordem. Uma norma singular é uma norma jurídica enquanto pertence a uma determinada ordem jurídica, e pertence a uma determinada ordem jurídica quando a sua validade se funda na norma fundamental dessa ordem.

O objetivo teórico de Kelsen era claro: escoimar da ciência do direito toda e qualquer discussão de natureza econômica, política, social, filosófica, etc., e torná-la uma ciência pura, objetiva e neutra, à semelhança do que tentou realizar Auguste Comte com sua "física social".[3] A esse respeito, Wolkmer (2012, p. 207) esclarece:

3. Comte (1978, p. 48) afirma: "Eis a grande, mas, evidentemente, única lacuna que se trata de preencher para constituir a filosofia positiva. Já agora que o espírito humano fundou a física celeste; a física terrestre, quer mecânica, quer química; a física orgânica, seja vegetal, seja animal, resta-lhe, para terminar o sistema das ciências de observação, fundar a física social. Tal é hoje, em várias direções capitais, a maior e mais urgente necessidade de nossa inteligência. Tal é, ouso dizer, o primeiro objetivo deste curso, sua meta especial".

> Em algumas páginas de sua Teoria Pura do Direito, Hans Kelsen deixa expresso com muita veemência o rigor formal de uma teoria do Direito que se propõe a erradicar todo e qualquer tipo de 'juízo ideológico'. Partindo da dicotomia neokantiana de 'ser/dever-se'. 'natureza/cultura' e 'causalidade/imputação', bem como tendo presente o conceito pejorativo de ideologia estabelecido por Marx e seus seguidores, Kelsen proclama sua 'ciência do Direito' como pura e naturalmente anti-ideológica. Dessa forma, coincide, preliminarmente, com Marx quando atribui juízo negativo à ideologia, discordando, entretanto, ao edificar o Direito como ciência real e não representação ideológica.

Essas questões encontrariam terreno fértil para brotarem no âmbito do parlamento; aos juristas caberia, de forma neutra, imparcial e equidistante, efetivar as decisões resultantes do amadurecimento dessas discussões. Seu "objeto" é constituído tão somente pelas normas do ordenamento jurídico.

A evolução da teoria da ciência moderna tem aqui inegável ponto de interseção com a teoria do direito. Não por acaso a matriz da teoria processual é o "processo de conhecimento", em que o juiz, levando em consideração os interesses discutidos segundo os termos e limites do processo, "conheceria" do conflito para solucioná-lo. Nas palavras do próprio Kelsen (2003, p. 1), a teoria pura:

> [...] quer única e exclusivamente conhecer o seu próprio objeto. Procura responder a esta questão: o que é e como é o Direito? Mas já não lhe importa a questão de saber como deve ser o Direito, ou como deve ele ser feito. É ciência jurídica e não política do Direito. Quando a si própria se designa como 'pura' teoria do Direito, isto significa que ela se propõe garantir um conhecimento apenas dirigido ao Direito e excluir deste conhecimento tudo quanto não pertença ao seu objeto, tudo quanto não se possa, rigorosamente, determinar como Direito. Quer isto dizer que ela pretende libertar a ciência

jurídica de todos os elementos que lhe são estranhos. Esse é o seu princípio metodológico fundamental.

Como aponta Santos (2011a), a distinção sujeito/objeto, no âmbito da ciência, permitiu tornar a natureza (humana e não humana) um artefato global a ser manipulado e controlado em nome dos interesses do capitalismo. No âmbito do direito, ela significou tanto um distanciamento entre direito e vida, quanto uma redução da complexidade do conflito. O distanciamento foi tornado possível por dois mecanismos de filtragem: no âmbito cognitivo, a subsunção (centralidade da norma); no âmbito processual, a prova.

Wolkmer (2012, p. 191) afirma que Kelsen, contrapondo-se a Marx, busca distinguir a "teoria especial do direito" do direito em si. A primeira é o que hoje se chama "doutrina" e, para Kelsen, pode sim assumir um viés ideológico burguês; a segunda é a realidade jurídica, conjunto de normas, esta sim um objeto de conhecimento da ciência jurídica que pode estar além da ideologia econômico-social e que informa a sua fundação. A ciência seria capaz de proceder à análise objetiva e neutra desse objeto: o direito, enquanto realidade jurídica, conjunto de normas, eis a sua "teoria pura". Fica nítida em sua proposta a relação sujeito-objeto, própria da ciência moderna.

Tudo nessa teoria pode ser direito; e direito é somente o posto, oficialmente, o criado segundo as normas procedimentais preestabelecidas e conforme um consenso relativamente aceito[4]. O olhar do jurista deveria estar voltado para as normas e não

4. Ainda segundo Wolkmer (2012, p. 209): "no seu esforço de tentar salvar a objetividade do pensamento científico e, por consequência, o discurso jurídico positivista, Kelsen recorre a um seguro sistema dogmático, solidificado no substrato da lógica formal, erradicando toda sustentação de base social e

para os conflitos sociais, porque estes teriam seu equivalente espaço de disputa por meio da representação parlamentar. Os fatos somente interessam ao direito pela sua relação com as normas jurídicas. A seguir, Kelsen (2003, p. 79) define claramente o que constituiria o objeto da ciência do direito:

> Na afirmação evidente de que o objeto da ciência jurídica é o Direito, está contida a afirmação – menos evidente – de que são as normas jurídicas o objeto da ciência jurídica, e a conduta humana só o é na medida em que é determinada nas normas jurídicas como pressuposto ou consequência, ou – por outras palavras – na medida em que constitui conteúdo de normas jurídicas. Pelo que respeita à questão de saber se as relações inter-humanas são objeto da ciência jurídica, importa dizer que elas também só são objeto de um conhecimento jurídico enquanto relações jurídicas, isto é, como relações que são constituídas através de normas jurídicas.

O *ser* é da alçada da sociologia; a ciência jurídica se ocupa das normas, isto é, do *dever-ser*.[5] Segundo Bourdieu (2012, p. 209):

> A reinvindicação da autonomia absoluta do pensamento e da ação jurídicos afirma-se na constituição em teoria de um modo de pensamento específico, totalmente liberto do peso social,

---

prática política. Não lhe interessam o conteúdo, as relações e as contradições sociais que informam os padrões normativos".

5. Em Kelsen (2003, p. 5-6): "o verbo 'dever' é aqui empregado com uma significação mais ampla que a usual. No uso corrente da linguagem apenas ao ordenar corresponde um 'dever', correspondendo ao autorizar um 'estar autorizado a' e ao conferir competência um 'poder'". E mais ainda: "Na verdade, a norma é um dever-ser e o ato de vontade de que ela constitui o sentido é um ser. Por isso, a situação fática perante a qual nos encontramos na hipótese de tal ato tem de ser descrita pelo enunciado seguinte: um indivíduo quer que o outro se conduza de determinada maneira. A primeira parte refere-se a um ser, o ser fático do ato de vontade; a segunda parte refere-se a um dever-ser, a uma norma como sentido do ato".

> e a tentativa de Kelsen para criar uma 'teoria pura do direito' não passa do limite ultra-consequente do esforço de todo o corpo de juristas para construir um corpo de doutrinas e de regras completamente independentes dos constrangimentos e das pressões sociais, tendo ele mesmo seu próprio fundamento.

Em países de *civil Law*, como o Brasil, a teoria kelseniana teve enorme alcance prático e acabou por informar a estruturação do Poder Judiciário, a criação das normas, a teoria do controle de constitucionalidade, etc. Aliado a esse quadro, agrega-se a intensa influência que a tradição civilista, proveniente do Código Civil Napoleônico, exerceu sobre a formação jurídica no Brasil. Dogmas como autonomia da vontade, *pacta sunt servanda* e propriedade privada constituíram(em) as principais preocupações dos juristas num ordenamento jurídico voltado aos direitos do "sujeito de direito".

Do ponto de vista da hermenêutica, segundo esse paradigma, a aplicação prática do direito significaria a subsunção do fato à norma, considerando os "métodos" preestabelecidos de interpretação "literal", sistemática, segundo a vontade do legislador.

O resultado da convergência desse pensar e fazer o direito foi a consolidação de uma dogmática abstrata, divorciada da realidade brasileira, diretamente atrelada aos interesses hegemônicos de uma realidade social hierarquizada, marcada pela desigualdade, e instrumento dócil às manipulações conjunturais. Tratando da interação mútua e dialética entre direito e vida, Bourdieu (2012, p. 241, grifo do autor) destaca:

> Deixando de se perguntar se o poder vem de cima ou de baixo, se a elaboração do direito e a sua transformação são produto de um 'movimento' dos costumes em direção à regra, das práticas coletivas em direção às codificações jurídicas ou, inversamente, das formas e das fórmulas jurídicas em direção às práticas que elas informam, é preciso ter em linha de conta

> o *conjunto de relações objetivas* entre o campo jurídico, lugar de relações complexas que obedece a uma lógica relativamente autônoma, e o campo do poder e, por meio dele, o campo social no seu conjunto.

Para Streck (2005), o positivismo é caracterizado por uma análise do fenômeno jurídico que não comporta análises sociais, que separa direito e moral e que carece de uma teoria da interpretação. Essa perspectiva teórica impediu a percepção de que o direito (e a ciência jurídica) brota das relações sociais e de forças (econômicas, políticas e culturais) que pretende regular. As denominadas "normas jurídicas", jamais "puras", são a reprodução textual (sempre contaminada) dessas relações colmatas na realidade social. Se em Kelsen isso constituiu uma opção teórica clara e consciente para "purificar" sua teoria, com o objetivo de delimitar seu "objeto", na prática jurídica brasileira, tornou o direito, preponderantemente, legitimação de relações jurídicas que se apresentam como "naturalizadas" e irreversíveis.

Ao sustentar que se trata de uma instância neutra, pura, abstrata e apartada da realidade social, e, por isso mesmo, hermética, o paradigma vigente é incapaz de reconhecer – e impede esse reconhecimento – que o direito sofre invariavelmente o influxo das relações/disputas/conflitos travadas(dos) no sistema econômico/social/cultural/político de que é proveniente. A abstração dessa realidade é que o tem tornado simples mecanismo de legitimação formal dessas relações quase sempre desiguais.

Sem essa compreensão, curioso paradoxo, ainda com mais intensidade, o direito se torna refém das forças que pretende, pelo menos discursivamente, se manter afastado, exatamente para neutralizar-lhes as influências. Quanto mais se projeta como neutro e distante das relações sociais, como pretendeu a ciência moderna, mais se submete a essas, sobretudo às hegemônicas. É exatamente nesse sentido que Santos (2011a) afirma que o triunfo do capitalismo, como modo de produção global, e a redução das energias emancipatórias da modernidade às expectativas de seu desenvolvimento foram facilitados, em certa medida, pela ocultação de forças mais despóticas, que convivem com o direito oficial/estatal e, acrescento, que o determinam.

O reconhecimento de que o direito resulta dessas relações, em particular por aqueles que o produzem e o constroem cientifica e concretamente é fundamental para compreender em que medida sua atuação tem significado mera regulação/formalização/legitimação dessas relações e como, e em que extensão, elas determinam a estrutura de seu funcionamento interno e o conteúdo de seus institutos. Essa compreensão poderá permitir uma tomada de posição mais clara e consciente pelo direito. Para Dussel (2002), é de importância crucial e estratégica para a humanidade – e, complemento, para o direito – a intervenção da consciência crítica diante dos efeitos perversos "não intencionais" – insiro as aspas – do sistema.

A utilização de sua potencialidade emancipadora/revolucionária, que encontra ressonância no movimento constitucionalista do segundo pós-guerra, pressupõe essa compreensão. Só se pode mudar/transformar uma realidade social que se conhece. É, pois, para esta, e não para uma norma abstratamente construída, que devem convergir as preocupações dos juristas, seja na condição de cientista, seja na condição de integrante do sistema de justiça.

As demandas sociais que o direito é chamado a identificar e a "solucionar" possuem seu lugar no tempo e na história. É por elas, e não por um ordenamento jurídico abstrato, que deve começar a análise do jurista.

4. O individualismo jurídico

O direito, na perspectiva que adoto, não constitui instância apartada e neutra em relação ao complexo de lutas e conflitos travados na sociedade que visa regular. Bem ao contrário, é esse complexo de relações sociais, em cada um dos espaços estruturais (SANTOS, 2011a)[1] existentes na sociedade, que o tem determinado em última instância. A influência se verifica em todos os níveis: econômico, social, político, cultural, etc. Elejo, entre essas influências, uma particularmente relevante para a análise que aqui desenvolvo: o individualismo, típico da lógica de acumulação capitalista.

A lógica liberal-individualista impregnou a vida contemporânea em praticamente todos os setores. Em realidades historicamente marcadas pela omissão do Estado, como a brasileira, essa lógica tem significado mais um argumento que coloca sob a sorte do indivíduo a solução de problemas que são socialmente construídos. A opção por carros privados que enchem os corredores intermináveis de engarrafamentos urbanos, o desmonte do SUS pela ampliação massiva dos planos de saúde privados, a privatização da educação em todas as

1. Acerca desses espaços estruturais, tratarei no último capítulo.

modalidades e níveis, os condomínios urbanos com resposta do mercado à demanda por segurança, são alguns dos exemplos desse processo. É o que Santos (2011a, p. 111) denomina de microética liberal:

> Trata-se de uma ética antropocêntrica e individualista decorrente de uma concepção muito estreita de subjetividade. Confinada ao espaço contíguo e ao tempo imediato, a ética liberal funciona numa sequência linear: um sujeito, uma ação, uma consequência. Nos nossos dias, esta ética tornou-se uma estratégia de desarme, uma vez que nos fornece critérios éticos para ações menores, ao passo que no-los nega as ações maiores decorrentes da enorme capacidade de intervenção propiciada pela ciência e pela tecnologia.

O normativismo impede a percepção de que a lógica capitalista da acumulação não apenas informou a construção dos conceitos teóricos de vários institutos jurídicos, mas também determinou a própria forma de atuação e de estruturação das instituições encarregadas pela aplicação do direito. Sustento, então, que a lógica individualista se manifesta em três aspectos.

O primeiro ocorre na estruturação da máquina de produção de soluções jurídicas – o sistema de justiça. Essa estruturação segue o modelo/padrão típico da produção em série de uma sociedade de mercado, pouco preocupada com intervenções efetivas, profundas e complexas. O esforço recentemente encampado pelo Conselho Nacional de Justiça em promover uma maior celeridade nos processos, não obstante signifique importante avanço contra a histórica e reconhecida morosidade da justiça no Brasil, talvez seja a face mais evidente da construção de um modelo de justiça contaminado e absorvido por uma lógica individualista. Esta, por sua vez, impede o direito de fazer frente às novas e complexas faces dos velhos desafios estruturais da sociedade brasileira.

O segundo aspecto ocorre na construção do instituto jurídico que melhor serve à lógica da acumulação capitalista e na centralidade que assume esse instituto em sociedades capitalistas: a propriedade privada. Conforme Santos (2011a), ao tratar de sua cartografia simbólica do direito, a projeção é o procedimento através do qual a ordem jurídica define suas fronteiras, organiza o espaço jurídico no interior delas e arbitra um centro. Esse centro, por ele denominado super-fato ou super-metáfora, onde se assenta o direito burguês moderno, é o contrato. Entendo, porém, que, no direito moderno, o super-fato é a propriedade, pois o contrato visa protegê-la. As relações que dela derivam, sob a forma jurídica do contrato, constituem decorrência de sua centralidade.

O terceiro ocorre no caráter de terceiro desinteressado, que tem sido atribuído pelo direito ao Estado. Esse caráter se revela em outros dois aspectos. O primeiro reside na pretensão de imparcialidade e neutralidade que informa a jurisdição estatal; o segundo corresponde à perspectiva de que existem espaços de relações sociais considerados privados para cujos conflitos a pertinência do Estado se exauriria na solução judicial, objetiva e neutra, materializada na sentença.

Em razão de sua complexidade, cada um desses três aspectos, em que se assenta o individualismo, será analisado em item próprio.

a) O direito em série

O sistema de justiça no Brasil, em especial o Poder Judiciário, está estruturado segundo o modelo de produção massiva, aos moldes da produção industrial típica de mercado. O direito, obviamente, não se resume ao sistema de justiça, mas encontra neste uma face "oficial" e concreta, marcada pela construção cotidiana de "soluções jurídicas" dos conflitos levados à apreciação do Poder Judiciário, espaço por excelência de produção de lugares-comuns (*topoi*) jurídicos, como lembra Santos (2011a). A dificuldade se revela tanto em relação às mais novas e urgentes necessidades coletivas quanto aos velhos problemas estruturais historicamente consolidados e negligenciados.

Sua organização está voltada para a resolução em larga escala de conflitos de índole individual, sem grande carga de complexidade (pelo menos não na forma jurídico-processual como se apresentam). A utilização das súmulas, vinculantes ou não, a colagem de ementários de jurisprudência e de modelos e peças e de decisões, às vezes desamparados de qualquer reflexão crítica, utilizadas, em regra, pelos membros do sistema, agregada a um movimento forte de predominância da doutrina acrítica e direcionada à preparação para concurso público, demonstram a existência de uma preocupação voltada ao quantitativo, para a produção em série, bem aos moldes industriais, fordista. Nitidamente, isso escancara sua "contaminação" pela lógica liberal individualista, cerne do capitalismo, e aponta para a situação agonizante pela qual passa, incapaz de compreender e exercer seu papel na transformação efetiva das causas que ensejam as demandas, que lhe reclamam intervenção e cuja origem fundamenta sua existência.

Um olhar superficial para a forma como estão distribuídas as denominadas varas judiciais e o pouco que são capazes de provocar, em termos de transformações efetivas permitem perceber que, em seu percurso histórico, o sistema de justiça (e o direito), além de legitimar a lógica da acumulação, moldou-se e curvou-se a ela. A mesma apatia amorfa, que marca a grade curricular do curso de direito, da qual tratei abaixo, reproduz-se na estruturação das varas judiciais.

A jurisdição penal talvez seja o exemplo mais evidente dessa crise. O direito penal abandonou o caminho de uma investigação profunda acerca das causas sociais do crime para reduzir sua complexidade à esfera subjetiva, como se os equivalentes jurídicos dolo e culpa comportassem as causas profundas das condutas criminosas. Ademais, está hoje essencialmente voltado à defesa do patrimônio (propriedade), o que torna, potencial e concretamente, os pobres as suas maiores vítimas, inclusive sob a forma perversa de criminalização de movimentos sociais.[2]

As varas judiciais criminais não são arquitetadas segundo a perspectiva da prevenção e de ações conjuntas e interdisciplinares, voltadas às transformações das causas ensejadoras da criminalidade. Os dados processuais, contendo os números e os indicadores dessas causas, que deveriam constituir importantes mecanismos de balizamento das políticas públicas de caráter preventivo, de natureza concreta pelo Judiciário ou propositiva ao Executivo e ao Legislativo, são normalmente utilizados como argumento para pleitear a ampliação da máquina de produção em série de decisões judiciais, as quais, concretamente, não estancam o conflito e só produzem mais vítimas.

---

2. Não pretendo com isso, evidentemente, legitimar a violência e o crime. Porém, constato que o sistema penal, como está estruturado, não apenas não repara o delito à primeira vítima dele, como produz uma outra – o próprio criminoso. Se a ausência das condições básicas (formação educacional, condições dignas de sobrevivência, entre outros fatores) contribuiu para que incorresse no crime, a condição de criminoso significará uma pecha que tornará praticamente impossível a (re?)inserção do indivíduo no sistema econômico. Dados do Conselho Nacional de Justiça (CNJ) apontam para uma reincidência criminal de 70% para presidiários em geral (a reincidência a que se refere é a reiteração criminosa, mesmo que não cumpridos os requisitos formais contemplados nos arts. 63 e 64 do Código Penal (BRASIL, 2014a).

Cogitações desse timbre costumam esbarrar na afirmação do dogma da imparcialidade da jurisdição e de que questões sociais (políticas, econômicas e culturais) extrapolam a alçada do direito, como se falar de desigualdade e de como este pode nela intervir significasse macular-lhe a "pureza". É aplicação prática, à brasileira, da teoria pura kelseniana.

A produção dessa gigantesca "máquina" de formação de escórias humanas é hoje armazenada nos presídios de custo cada vez mais insustentável[3] e que insistem em nos fazer lembrar dos porões dos navios negreiros do regime infame. Além disso, a sociedade atual é extremamente mais complexa e os desafios são mais graves em relação àquela que estava sob o olhar dos que fomentaram essa estruturação judiciária, ainda na primeira metade do século passado, conforme a teoria do ordenamento jurídico kelseniana.[4]

---

3. Os dados do Departamento Penitenciário Nacional (Depen) indicam um crescimento, entre os anos de 1995 e 2009, da população carcerária de 148 mil para 473.626 presos. E não é só. Esse Departamento Federal, ligado ao Ministério da Justiça, afirma a existência de um *déficit* de vagas nesse "navio" de 194.650 (MOURA; RIBEIRO, 2015). O CNJ, publicou em meados de 2014, o quantitativo atualizado dessa população: são aproximados 711.463 presos (BRASIL, 2014b). É a terceira maior população carcerária do mundo e o *déficit* segundo esse órgão é de mais de 300mil vagas. O custo médio de uma vaga preenchida é de três salários mínimos ao mês.
4. Em verdade, há forte tendência em estruturar os demais órgãos/carreiras integrantes do sistema de justiça seguindo o anacrônico e quantitativo modelo do Judiciário. Na capital maranhense, por exemplo, a Defensoria Pública e o Ministério Público estruturam suas unidades de atendimento, em sua maioria, conforme esse formato: as lotações em matéria cível e criminal, são definidas de acordo com a distribuição de unidades jurisdicionais – varas – pelo Judiciário. Registro, porém, como prática positiva e exitosa a realização de audiências públicas com a finalidade de definir os critérios de estruturação de Núcleos da Defensoria Pública no interior do Estado.

Questões como a drogadição e o tráfico de drogas, a corrupção sob a fórmula jurídica da improbidade administrativa, a proteção e a preservação ambiental, o trabalho (empregabilidade e pleno emprego), a criminalidade transnacional, muitas dessas como expressão concreta da desigualdade em suas complexas derivações,[5] não podem ser tratadas – e dificilmente encontrarão "solução" adequada – segundo o paradigma individualista, pautado pela lógica da acumulação e centrado na demanda "individual".

Em crítica lúcida e fecunda, Streck (2005) recorre a duas figuras (signos) que estão sempre presentes na manualística do direito e povoam o imaginário dos juristas no Brasil, "Caio e Tício". Por meio desse exemplo, o autor demonstra não só a abstrativização divorciada da realidade cotidiana, mas também a forma "industrial", de produção em série, de como o direito aqui tem sido produzido e aplicado. Assim, ao serem invocados abstratamente pressupostos normativos como *Caio invade (ocupa) a propriedade de Tício* ou ainda *subtrai deste um automóvel*, o direito apresenta "soluções" imediatas, capazes de "pacificar" o conflito: no primeiro caso, há esbulho e basta requerer judicialmente a reintegração de posse; no segundo, é furto, basta mover a máquina penal. Ainda segundo esse autor:

> [...] nos casos apontados, a dogmática jurídica coloca à disposição do operador um *prêt-à-porter significativo* contendo uma resposta pronta e rápida! Mas, quando Caio (*sic*) e milhares de pessoas sem teto ou sem terra invadem/ocupam a

5. Um exemplo de que problemas antigos assumem complexidades específicas na vida moderna pode ser identificado, no que tange ao acesso à terra, no fato de que, na primeira metade do século XX, a grande questão que se colocava em matéria fundiária era o caráter improdutivo do latifúndio. Hoje, em tempos de agronegócio, parece ser exatamente a produtividade do latifúndio, ou modelo de "desenvolvimento" nele empregado, a grande questão a ser discutida.

> propriedade de Tício (*sic*), ou quando Caio (*sic*) participa de uma 'quebradeira' de bancos, causando desfalques de bilhões de dólares [...], os juristas só conseguem 'pensar' o problema a partir da ótica forjada no liberal-individualista-normativista de produção do Direito. Como respondem os juristas a esses problemas, produtos de uma sociedade complexa, em que os conflitos (cada vez mais) têm cunho transindividual? Na primeira hipótese, se a justiça tratar da invasão/ocupação de terras do mesmo modo que trata os conflitos de vizinhança, as consequências são gravíssimas (e de todos conhecidas...!) Na segunda hipótese (crimes de colarinho branco e similares), os resultados são assustadores [...]. (STRECK 2005, p. 34).[6]

No exemplo mencionado por Streck (2005), fica nítido o caráter "industrial" de produção em série do direito no Brasil, tornando a máquina judiciária um verdadeiro *fast-food* de "pacificação de conflitos". O fato de se falar hoje na existência de um "microssistema de direito coletivo", composto entre outros, pelos Código de Defesa do Consumidor, Estatuto da Criança e do Adolescente, Lei de Ação Civil Pública, longe de negar, só demonstra tratar-se de tentativas de remendo num sistema que não evoluiu para fazer frente às demandas históricas e estruturais da sociedade brasileira.[7]

---

6. A esse respeito é ilustrativo o que se verifica com os acórdãos proferidos nos agravos de instrumentos de nº 022093/2013 de São José de Ribamar-MA e 016865/2013 da Raposa-MA, ambos proferidos pelo Tribunal de Justiça do Maranhão, e que foram objeto de análise em pesquisa por mim desenvolvida no mestrado de Políticas Públicas da Universidade Federal do Maranhão (Ufma). Nos dois acórdãos é rigorosamente o mesmo o texto da fundamentação.
7. Em entrevista à revista Veja, datada de setembro de 2014, a Ministra do Supremo Tribunal Federal, Carmém Lúcia, posicionou-se de modo semelhante: "'É preciso uma reinvenção institucional (no Judiciário) para dar uma resposta eficaz ao cidadão'. A sentença da ministra se baseia no fato de existirem hoje, em tramitação no Brasil, cerca de 85 milhões de processos, distribuídos sobre as mesas de apenas 18 mil juízes. Cármen Lúcia reconhece que, diante de números

A sistemática que informa o novo Código de Processo Civil, em vigor desde 18 de março de 2016, não só não muda essa perspectiva, como a reforça, em especial sob alguns aspectos. Seus mais de mil artigos foram pensados e construídos para a gestão de "demandas individuais". A formação de precedentes obrigatórios, a serem seguidos por todos os demais órgãos jurisdicionais (assunção de competência, recursos repetitivos, Incidente de Resolução de Demandas Repetitivas, entre outros), constituem uma tentativa, sob muitos aspectos louvável, para gestão de processos que se multiplicam aos milhares pela identidade da matéria discutida. A solução, porém, privilegia o tratamento do efeito (conflito posto à apreciação do judiciário) e não da causa (origem do conflito).

Nesse estado de coisas, não é difícil entender o porquê as "promessas da modernidade" e as da Constituição Dirigente condenam tantos à servidão da espera (MARTINS, 2013), e a uma espera cada vez mais sem esperança (SANTOS, 2011a).

b) A centralidade da propriedade privada

A forma como está estruturado o sistema de justiça reforça e localiza, no centro das denominadas "relações privadas", a propriedade privada. Sem que se pretenda aqui uma análise exaustiva do processo histórico, o que escapa aos limites estreitos deste trabalho, é possível afirmar que é no capitalismo que a distinção entre produção e consumo assume força decisiva.

---

como esses, a Justiça não poderia ter uma boa imagem perante a população. Mas faz uma autocrítica no sentido de que é preciso afastar o conformismo e buscar resultados. 'Temos que ter a mesma pressa da sociedade. Não devemos andar nem tão depressa a ponto de irmos na frente, nem tão devagar de forma a ficarmos para trás', pondera. Logo acrescenta: 'Ninguém está com paciência de esperar. Temos um Judiciário artesanal para uma sociedade de massa'" (AS CRÍTICAS..., 2014).

O capital tornou assalariado o trabalho através da alienação de parcela significativa da humanidade tanto em relação ao processo de produção como, e principalmente, ao que foi produzido. O trabalho passou a ser assalariado e a propriedade (apropriação-trabalho) passou a ser propriedade privada.

A relação, antes direta, do trabalho até a apropriação dos bens e consequente uso, já rompida com a divisão do trabalho, assumiu meandros muitos mais complexos. O trabalho assalariado leva a uma unidade de valor (dinheiro) com a qual o trabalhador, dirigindo-se ao mercado, adquirirá, nos limites dessa possibilidade, os bens a serem consumidos por ele e pelos que dele dependem. Trabalho assalariado, bens e consumo, embora interdependentes, não possuem equivalência necessária.

Mais que isso, o caminho de acesso aos bens não passa necessariamente pelo trabalho e este, menos ainda, sob a forma assalariada, permitirá sempre a aquisição da quantidade indispensável à sobrevivência humana.

A propriedade, enquanto apropriação de bens resultantes do trabalho constitui, não apenas um interesse geral, mas uma imposição natural através da qual o ser humano, em interação com o meio, perpetua sua existência; enquanto mercadoria voltada à circulação, ela constitui uma necessidade do capital, da manutenção e da reprodução do sistema voltado à acumulação. Trata-se de estratégia, intrinsecamente ligada ao individualismo capitalista (lógica da acumulação), e exitosa em certo sentido, de agasalhar sob o mesmo termo, "propriedade privada", fenômenos sociais significativamente distintos[8].

---

8. É contra essa confusão de termos que se voltam os fundadores do marxismo quando, em *O manifesto do partido comunista*, afirmam: "O que caracteriza o comunismo não é a abolição da propriedade em geral, mas a abolição da pro-

A propriedade privada, portanto, antes de um instituto jurídico, é uma interação humana com a natureza e com o semelhante e, nesse sentido, uma relação social. Marx (2003, p. 231) apresentam significativa contribuição para a elucidação desse processo:

> Toda e qualquer produção é apropriação da natureza pelo indivíduo, no quadro e por intermédio de uma forma de sociedade determinada. Neste sentido, é uma tautologia dizer que a propriedade (apropriação) é uma condição da produção. Mas é ridículo partir daqui para, de um salto, passar a uma forma determinada da propriedade, à propriedade privada, por exemplo. (Que, além disso, supõe uma forma oposta, a *não-propriedade*).

Em síntese, eis aqui uma demonstração clara e precisa de um interesse burguês transformado discursivamente e por meio de um instituto jurídico num interesse geral: *apropriação-trabalho e propriedade-mercadoria tornaram-se unicamente propriedade privada*. Pachukanis (1988, p. 83) admite:

> De acordo com esta forma puramente jurídica, a propriedade logicamente pouco tem em comum com o princípio orgânico e natural da apropriação privada como resultado de um desdobramento de força pessoal ou como condição de um consumo ou de um uso pessoais. Desde que, toda a realidade econômica se fragmentou na esfera do mercado, a relação do proprietário com a propriedade tornou-se abstrata, formal, condicionada e racionalizada, enquanto relação do homem com o produto do seu trabalho, como, por exemplo,

---

priedade burguesa. [...] De modo algum pretendemos abolir essa apropriação pessoal dos produtos do trabalho necessários à reprodução da vida imediata, apropriação essa que não deixa nenhum lucro líquido capaz de conferir poder sobre o trabalho alheio" (MARX; ENGELS, 2013, p. 60-61).

> com uma parcela de terra cultivada pelo seu trabalho pessoal, representa qualquer coisa de elementar e de compreensível, ainda que para o pensamento mais primitivo.

O recurso discursivo tem um enorme alcance prático, pois dificilmente o senso comum e, muito menos, a teoria normativista, comprometida com essa lógica e, de certo modo, absorvida por ela, conseguem distinguir ambos os fenômenos. Aliás, tem sido exatamente o acúmulo da propriedade privada, a partir da invocação jurídica da cláusula de tutela genérica do "direito de propriedade", que tem privado uma enorme leva de seres humanos do resultado de seu próprio trabalho e, em muitos casos, do próprio trabalho.

A propriedade, assim desvinculada do trabalho, materializada num feixe de poderes do indivíduo (sujeito de direito) sobre a coisa (bem), permite a alienação, assume caráter eminentemente especulativo e acumulação potencialmente infinita. Como nem sempre esse poder é visível externamente, o direito assegura a propriedade por meio do título, já que a exterioridade do trabalho, como pretendeu Locke (2002),[9] não é mais suficiente para identificá-la.

Como a acumulação pelo trabalho tem limites físicos, o título potencializa o caráter de acumulação ao identificar o titular, definir a coisa e desvinculá-la do trabalho[10]. Desse

---

9. Em relevante nota de rodapé, Pachukanis (1988, p. 59) afirma: "A propriedade privada não encontra seu sentido, seu subjetivismo, no fato de 'cada um comer seu próprio pão', isto é, não consiste no ato de consumo individual, mesmo que igualmente produtivo, mas na circulação, no ato de apropriação e de alienação, na troca de mercadorias em que o fim econômico-social não é senão o resultado cego de fins privado e de decisões privadas autônomas".

10. "Deste modo apenas o desenvolvimento do mercado gera a possibilidade e a necessidade de transformar o homem que se apropria das coisas pelo trabalho (ou

modo, torna-se possível a transferência do uso concreto/direto da coisa, sem que se perca sua titularidade. Esse uso, sempre acessório e precário, é o que o direito denomina de posse.[11] Em imagem didática, Alfonsin (2003) afirma que o enorme poder de abstração, atribuído pelo sistema de justiça ao título de propriedade, faz com que este mais pareça uma lembrança remota do que um retrato atualizado. Radica exatamente aí a necessidade de justificar, por meio do instituto da "posse indireta", o poder abstrato – e tornado possível pelo direito – que o proprietário exerce sobre o bem.[12]

O resultado é o triunfo absoluto da propriedade privada estritamente ligada aos interesses capitalistas em detrimento da apropriação-trabalho, a qual, por sua vez, está ligada à satisfação das necessidades básicas. O acúmulo da segunda (propriedade privada) em favor de uns, implica a privação da primeira (apropriação-trabalho) em detrimento de muitos. Em troca do rei absoluto, institucionalizou-se o dogma da propriedade absoluta. Esse processo, além de assegurar a manutenção e o desenvolvimento do capital, torna letra morta e

pela espoliação), num proprietário jurídico. O 'natural' passa insensivelmente para o 'jurídico', tal como o roubo a mão armada está estreitamente ligado ao comércio" (PACHUKANIS, 1988, p. 81).

11. Nesse sentido, o artigo 1.196 do Código Civil dispõe: "Considera-se possuidor todo aquele que tem de fato o exercício, pleno ou não, de algum dos poderes inerentes à propriedade". E também o disposto no artigo 1.197: "A posse direta, de pessoa que tem a coisa em seu poder, temporariamente, em virtude de direito pessoal, ou real, não anula a indireta, de quem aquela foi havida, podendo o possuidor direto defender a sua posse contra o indireto". (BRASIL, 2002, não paginado).

12. Washington de Barros Monteiro, lembrado por Torres (2008, p. 222), afirmava: "Pode-se, pois, ao direito de propriedade atribuir, em primeiro lugar, caráter absoluto. O proprietário pode dispor da coisa como entender, sujeito apenas a determinadas limitações, impostas no interesse público ou pela coexistência do direito de propriedade dos demais indivíduos".

declaração meramente formal a previsão normativa de que a todos é assegurado o direito de propriedade.

c) O caráter de terceiro desinteressado do Estado

O individualismo jurídico também se manifesta no caráter privado que o Estado, através do direito, busca imprimir aos conflitos sociais, considerados lides entre particulares, a quem tão somente interessa a solução do litígio. O papel do Estado se exauriria na solução judicial, objetiva e neutra, materializada na sentença. Essa perspectiva se assenta em dois aspectos. O primeiro, consiste na própria concepção da natureza do Estado pelo paradigma normativista; o segundo na dicotomia Estado/sociedade civil, em especial na derivação direito público/direito privado. Um e outro escamoteiam as forças que dominam e direcionam o Estado.

Para a teoria normativista, o Estado cria o direito e é por ele criado. Essa perspectiva de identificação (Estado e norma) resulta, em grande medida, da proposta metodológica desenvolvida por Georg Jellinek pela qual a análise jurídica do Estado deveria se prender à norma, abstraindo considerações de ordem sociológica, o que, em certo sentido, coincide com a perspectiva desenvolvida pela Teoria Pura do Direito de Kelsen (BOBBIO, 2007).[13]

---

13. Esclarece Bobbio (2007, p. 56): "Além da distinção dos dois campos denominados convencionalmente de "filosofia" e "ciência" da política, o tema do Estado pode ser abordado de diferentes pontos de vista. Com a *Doutrina geral do Estado* [1910], de Georg Jellinek, entrou por muito tempo em uso nas teorias do Estado a distinção entre doutrina sociológica e doutrina jurídica do Estado. Esta distinção tornara-se necessária em seguida à tecnicização do direito público e à consideração do Estado como pessoa jurídica, que dela derivara".

A realidade social, econômica e política em que se insere o Estado deveria ser abstraída do âmbito de análise do jurista, porque afeta a outros ramos do conhecimento. Como na perspectiva kelseniana, o direito é exclusivamente o proveniente de fontes políticas oficiais, a teoria jurídica do Estado não avançou no sentido de investigar a sua natureza e nem o seu papel num contexto de relações sociais historicamente construídas.

O resultado foi uma teoria superficial, pouco esclarecedora e que atende perfeitamente à ocultação da dominação do Estado pelas forças que lhe ditam a existência e a atuação, especialmente o mercado.[14-15]

Como dito, dois fatores são distintivos da forma estatal num contexto capitalista em relação às expressões políticas anteriores. O primeiro consiste na mutação que o Estado sofre (FARIAS, 2001), com a superação do feudalismo e em decorrência do desenvolvimento das relações comerciais e das mudanças na lógica das relações de produção. O Estado, a partir de então, projeta-se como ser relativamente autônomo diante da denominada "sociedade civil" e do mercado.

Santos (2011a, p. 151) localiza esse processo na passagem do que ele designa de capitalismo liberal para capitalismo

---

14. A esse respeito, na vertente marxista, Farias (2001, p. 24) posiciona-se: "Rejeita-se aqui a ideologia formalista que pretende apreender todos os papéis instrumentais do Estado como se o jurídico pudesse ser a expressão verdadeira, justa e plena dos fatos da existência dessa forma".

15. Do mesmo modo, reduzir o Estado ao direito assim como o fazem os positivistas (H. Kelsen) é desprezar a história. Considerar o Estado tão-somente como fenômeno da ordem jurídica significa conceber igualmente o homem somente como sujeito de direito. Decerto o Estado e o direito estão intimamente ligados. No entanto, a história já nos ensinou suficientemente que ele é mais do que o Direito (FLEINER-GERSTER, 2006, p. 182).

organizado: "À medida que o Estado se transformava num recurso político para grupos e classes sociais mais vastas, o transclassismo e a autonomia do Estado ganharam credibilidade ideológica". Se, como dito, a dominação em formas políticas anteriores era direta, passando agora a ser mediada pelo Estado capitalista, daí porque tão impregnados no direito os dogmas da imparcialidade e neutralidade da jurisdição.[16]

O segundo fator distintivo consiste na necessidade permanente do uso de artifícios discursivos legitimadores pelo Estado, tornando "naturais" as relações capitalistas que lhe são subjacentes.[17] Bloch (2011, p. 451-452), ancorado em Marx e Engels (2011), afirma

> La *desigualdad de La propriedad em lós médios de producción*, y no otra cosa, lleva, por eso, de manera econômico-inmanente a la destrucción de la solidaridad tribal, a la constitución de um poder político de clase. Em su consecuencia, el Estado es em tan escasa medida em cuerpo extraño en el capitalismo, que puede decirse incluso que culmina en él. Y de igual manera se cumple también aquí de una de sus más importantes funciones ideológicas: no ser simplesmente instrumento, sino *enmascaramiento* de la dominación clasista. El Estado se nos presenta como poder general, situado aparentemente sobre la sociedad y ciudando de su equilíbio.

Se a dominação não é mais imediata e direta, para que o Estado se legitime, necessita, então, projetar-se como a encarnação do "interesse público", isto é, de um interesse que

16. Escapa evidentemente aos objetivos deste trabalho percorrer os processos pelos quais as trocas comerciais, em seu desenvolvimento, exigiram o fortalecimento do Estado. A esse respeito, são elucidativas as obras de Mascaro e de Polanyi adrede citadas.

17. No mesmo sentido, Mascaro (2008a).

esteja acima dos conflitos sociais, que ficam doravante, em tese, relegados ao plano do direito privado. A afirmação de Marx e Engels (2012, p. 60, grifo do autor), embora se refira ao momento primeiro de surgimento do Estado, revela-se pertinente ao que aqui se analisa:

> É justamente nessa contradição entre o interesse particular e o coletivo, que o interesse coletivo toma, na qualidade de *Estado*, uma forma independente, distinta dos reais interesses particulares e gerais e, sempre sobre a base real das conexões existentes em cada conglomerado familiar e tribal [...] e principalmente, como veremos adiante, baseada nas classes, já condicionadas pela divisão do trabalho, que produz isolamento em cada um desses conglomerados humanos, e entre as quais há uma que domina todas as demais.

O famoso discurso mencionado por Rousseau, que teria sido proferido por um rico para o surgimento do Estado, faz mais sentido com o advento do Estado capitalista do que em formas estatais anteriores.[18] No mesmo rumo, a observação de Farias (2001, p. 31) salienta:

> Como gestor dos objetos sociais mediadores das contradições do capitalismo, o governo é o resultado de um longo processo que o constitui, ao mesmo tempo, nos aparelhos e na legitimação do Estado. Uma vez que este processo toma um aspecto acabado, faz esquecer que resulta, na sua essên-

18. Rousseau (2010, p. 130-131) ressalta: "Unamo-nos, diz-lhes ele [o rico], para defendermos da opressão os fracos, contermos os ambiciosos e assegurarmos a cada qual a posse do que lhe pertence. Instituamos normas de justiça e de paz a que todos sejam obrigados a se conformar, que não façam acepção de pessoa e reparem de algum modo os caprichos da fortuna, submetendo igualmente o poderoso e o fraco a deveres mútuos. Em suma, em vez de voltarmos nossas forças contra nós mesmos, unamo-las num poder supremo que nos governe segundo sábias leis, que proteja e defenda todos os membros da associação, repila os inimigos comuns e nos mantenha numa concórdia eterna".

> cia, da evolução da divisão capitalista do trabalho e da luta de classes correspondente. Trata-se de um esquecimento em proveito de uma conformidade com a falsa aparência do Estado, caso em que tem por tarefa representar o interesse geral, sob a forma tanto da reificação (coisificação) como da personificação do Estado.

O segundo aspecto é uma distinção que se assenta no campo propriamente jurídico. Para o paradigma normativista, a sociedade civil é o espaço de interesse privado e o Estado, a encarnação do interesse público. Por essa distinção, o espaço público é aquele destinado às relações entre o cidadão e o Estado, regidas pelo direito público. Já o espaço privado é voltado às relações entre os cidadãos, considerados particulares autônomos e iguais, regidas pelo direito privado. O Estado, nessa perspectiva, não intervém, via de regra, nas relações que se travam no seio da sociedade civil. Inseridas na esfera da autonomia privada, parte-se do pressuposto de que se trata de relações entre "sujeitos de direitos", em igualdades de condições.

O triunfo desse artefato discursivo tem permitido justificar o papel de Pôncio Pilatos, da tradição cristã, desempenhado pelo Estado em relação às graves e estruturais demandas de nossa formação histórica. Uma intervenção efetiva é discursivamente obstada sob o fundamento equivocado de que se trata de conflito privado entre particulares, típico dos riscos inerentes à vida na "sociedade civil". Um exemplo bastante ilustrativo está no conflito pela terra no Brasil, especialmente no meio rural. Trata-se de uma demanda estrutural, historicamente ligada à nossa formação colonial, fundada na *plantation.*

Hinkelammert (apud DUSSEL, 2002, p. 505) afirma que "abarcar e concentrar os meios materiais de vida é destruir as possibilidades de vida do outro, já que o que se concentra e se tira não são simples riquezas, mas meios de vida". Um desses meios é a terra. Ela é uma condição da vida. Logo, o poder sobre a terra é também um poder sobre a vida. A forma como as relações sociais determinam o acesso à terra indica o grau e a intensidade do conflito daí decorrente.

A história desse conflito é também a história de como uma sociedade lida com a finitude dos bens que proporcionam a vida e, nesse sentido, uma história da desigualdade e da democracia. Sendo o acesso democrático e igualitário, a interação humana com a terra pode estar a serviço da vida; desigual e antidemocrática, essa interação pode estar subordinada à lógica da acumulação e, em muitos casos, contra a vida. A inadequação da resposta do direito a esse conflito conduz ao elitismo e reforça, ao mesmo tempo que legitima, a desigualdade pela negação do outro (colonialismo); a adequação deve conduzir à construção de solução democrática pela reciprocidade (solidariedade).

Segundo a teoria normativista, o acesso aos bens da vida somente se faz de forma "segura" e definitiva através do título de propriedade, sem sequer indagar sobre as dificuldades desse acesso à significativa parcela da humanidade, especialmente em realidades como a brasileira. Aqui, essa perspectiva assume contornos trágicos, estruturais e que constituem um ponto cego, quiçá intencional, na teoria normativista do direito. Quem pode pagar adquire a propriedade e pode viver; quem não pode, deve ingressar na fila da espera, tentando sobre(sub)viver, sem esperança pela desapropriação para fins de reforma agrária a ser realizada pelo mesmo Estado que, com suas políticas e por meio da regulação do direito, assegura a existência do sistema que favorece/reforça o quadro antidemocrático de acesso à terra.

A imediaticidade com que é cumprido o mandado de "despejo" em nome da posse abstrata/normativista/indireta daquele que se diz proprietário e a demora do Estado em concluir um programa efetivo de reforma agrária por meio da desapropriação, escancara um paradoxo e evidencia a docilidade com que o direito se presta a sustentá-lo. Por isso, o direito aqui cumpre papel destacado.

A análise da teoria normativista acerca do instituto da propriedade privada, em geral e sobretudo no âmbito do Direito Civil (BRASIL, 2002), normalmente atrelada a uma reprodução manualística, limita-se a uma identificação abstrata – e, por isso mesmo, distanciada da vida – do que seriam os contornos de uma propriedade privada enquanto direito, sem qualquer indagação acerca de sua formação, de sua repercussão nas relações sociais e de seu vínculo com o sistema capitalista. A abstração das relações sociais que lhe são subjacentes, bem como o completo "esquecimento" da formação histórico-social em que está inserida, impedem que a teoria do direito realize uma investigação mais profunda acerca de sua natureza e de suas implicações, o que tem significado, a pretexto da "pacificação" do conflito, soluções atadas a essa tradição e comprometidas com uma realidade de exclusão.

Para o conflito pela terra, o direito estatal normativista apresenta uma solução prática, seriada e individualizada: a demanda possessória. Particulares, no mesmo patamar de igualdade e de autonomia, disputam a posse ou a propriedade de um bem imóvel privado. Nesse caso, o papel do Estado se resume a proferir sentença, de forma neutra e imparcial, que "pacifique" o conflito.

O fato do Estado brasileiro ter desempenhado papel essencial na construção de políticas "desenvolvimentistas", sempre atreladas aos interesses externos e seguindo a lógica de acumulação, inicialmente mercantilista e, posteriormente, capitalista[19], não ingressa no campo das questões juridicamente relevantes de modo a ampliar o objeto de análise da demanda possessória, ou mesmo de evidenciar sua imprestabilidade.

A perspectiva de neutralidade nega, negligente ou levianamente, a violência e a hierarquia que sempre presidiram a formação no campo no Brasil. Além disso, ao não intervir efetivamente nas causas que ensejam o surgimento do conflito, o Estado, por um lado, relega ao plano individual a solução de uma demanda social complexa; por outro, assegura a perpetuação de uma estrutura fundiária escandalosamente injusta. A neutralidade e a imparcialidade, portanto, constituem exatamente o que viabiliza, discursivamente, o caráter direcionado da atuação do Estado,[20] isto é, permite ocultar a coexistência de outros poderes ainda mais despóticos que ele mesmo.[21]

Por meio dessa ocultação é que o mercado pôde, como lembra Santos (2011a), dominar tanto o Estado quanto a comunidade no pilar da regulação. Essa dominação não ingressa no cenário de discussões políticas consideradas relevantes. Ela

19. A forma contemporânea da política econômica, voltada para o campo e promovida pelo Estado, é o agronegócio, que, como desdobramento da estrutura fundiária brasileira, é marcado pela concentração, tanto da terra quanto do resultado da riqueza coletivamente produzida.

20. Não se está dizendo, evidentemente, que o juiz deve, na demanda que lhe bate a porta, assumir uma postura que ofenda a isonomia substancial e que deve mesmo presidir a atuação judicial. Essa isonomia, porém, não pode constituir a única forma de atuação do Estado quando se trata de conflito como o relativo ao do acesso à terra.

21. Em sentido semelhante, afirma Habermas (1984, p. 177): "Uma vez que a separação dos produtores em relação aos meios de produção, a relação de classes que o capitalismo industrial desenvolve plenamente no século XIX, transformou a relação jurídica de igualdade formal entre capitalistas e assalariados numa relação fática de subordinação, a sua expressão no direito privado escamoteava um poder quase-público".

se apresenta como pressuposto. O futuro será melhor se o crescimento econômico permitir uma melhor distribuição da riqueza (no que deve coincidir com a expansão capitalista) e uma maior participação política (democratização pela cidadania).

O crescimento que teve a justiça do trabalho também é muito útil para exemplificar o que aqui se afirma. Porquanto, longe de constituir um aparato que discuta em profundidade as relações de trabalho num mundo capitalista, ela é mecanismo que garante, pela ocultação de poderes muito mais despóticos do que o Estado (e o direito estatal) e pelo mecanismo próprio da miniaturização dos conflitos, a perpetuação do modo de produção que gera, a todo instante, os conflitos a serem por ela "solucionados".

Discutir essa atuação, nos termos que aqui proponho, é relevante para revelar a existência de uma contradição implícita – porque é considerada premissa, e não argumento – e na qual se enreda o Estado contemporâneo e que constitui um importante paradoxo. Ela pode assim ser formulada: o Estado, que desenvolve papel central na manutenção e no desenvolvimento das relações capitalistas de produção, assume para si, pelo menos discursivamente, o encargo de erradicar ou, pelo menos, reduzir os efeitos deletérios, sobretudo os atinentes às diversas formas de desigualdade, produzidos por essas mesmas relações.

5. Elitismo jurídico

Acima tratei da norma como mecanismo de distanciamento do direito da vida. Discorri também sobre como a lógica individualista, típica de mercado, informa a estrutura do sistema de justiça, dos institutos de direito material e também as ações que lhes são correspondentes. Em todos esses aspectos, revela-se o caráter elitista do direito.

Há, entretanto, a necessidade de tratar sobre como o processo judicial se estrutura em caráter elitista e como esse elitismo constitui um óbice à identificação e à assimilação de demandas sociais que não tocam diretamente aos interesses das elites. A seguir, sustento que o elitismo se manifesta tanto no acesso ao direito quanto na própria concepção de acesso à justiça segundo a lógica formal do processo judicial.

O processo judicial, tal como configurado, constitui relação de poder que fixa fronteiras a todo instante. Uma dessas fronteiras, talvez a mais sútil, resida na centralidade da verdade processual, em substituição à busca pela justiça. Essa centralidade converteu justiça em segurança.

Partindo do pressuposto, quase sempre falso, de que o sujeito/indivíduo é autônomo e livre (autonomia da vontade), e que, portanto, por sua espontânea vontade, deve provocar o sistema de justiça, o direito se conformou com a justiça processual. No paradigma normativo abstrato, o justo é justo, segundo o processo judicial e seus limites. O juiz julga a demanda e conforta sua consciência de acordo com os fatos processualmente construídos por meio de *experts* do fazer jurídico. A realidade do lado de fora da capa do processo, pouco importa, o que vale juridicamente é o que está provado segundo os termos e limites do processo.

a) Direito e elitismo

Para a Teoria das Elites, o elitismo se assenta no fato de que em toda e qualquer sociedade sempre há um grupo, minoritário em termos quantitativos, que exerce o poder, em contraposição a um outro, dele destituído (BOBBIO, 1998). Uma possível síntese da tese central defendida por essa teoria pode ser encontrada nas palavras de um de seus precursores, Mosca (apud BOBBIO, 1998, p. 385):

> Entre as tendências e os fatos constantes que se acham em todos os organismos políticos, um existe cuja evidência pode ser a todos facilmente manifesta: em todas as sociedades, a começar por aquelas mais mediocremente desenvolvidas e que são apenas chegadas aos primórdios da civilização, até as mais cultas e fortes, existem duas classes de pessoas: a dos governantes e a dos governados. A primeira, que é sempre a menos numerosa, cumpre todas as funções públicas, monopoliza o poder e goza as vantagens que a ela estão anexas; enquanto que a segunda, mais numerosa, é dirigida e regulada pela primeira, de modo mais ou menos legal ou de modo mais ou menos arbitrário e violento, fornecendo a ela, ao menos aparentemente, os meios materiais de subsistência e os que são necessários à vitalidade do organismo político.

Vilfredo Pareto, por sua vez, amparado nos estudos de Mosca, desenvolve a tese de que "em toda a sociedade há uma classe 'superior' que detém geralmente o poder político e o poder econômico, à qual se deu o nome de 'aristocracia' ou elite" (BOBBIO, 1998, p. 385-386). Para essa perspectiva, a elite ou aristocracia é composta por aqueles que numa sociedade dispõem com proeminência da riqueza e da capacidade de decisão sobre os destinos de seus semelhantes. Se a presença de uma elite constitui uma lei geral da sociedade humana, a democracia, realisticamente considerada, é inviável. Em diversos contextos histórico-sociais, a sucessão histórica e, de certo modo, cíclica das elites seria a antítese de uma democracia real.

A teoria das elites recebeu críticas tanto da vertente marxista quanto da liberal. Na vertente marxista, a crítica está direcionada à ausência na teoria das elites da "luta de classes" ou, ainda, no esquecimento do caráter classista das elites. Isso porque a relação "elite" e "massa", nessa teoria, não é necessariamente antagônica. Na vertente liberal, a crítica está voltada principalmente para a perspectiva monoelitista. Isto é, não se nega a existência da elite, mas é pouco sustentável mencionar uma única elite em sociedades complexas, como é o caso da norte-americana. O mais adequado seria, nessa perspectiva, falar-se de vários grupos de elite, uma poliarquia. Sobre isso, Bobbio (1998, p. 388-399) afirma:

> Retomando a tradição iniciada por Mosca, que distinguiu, como se disse, entre Elites aristocrático-autocráticas e Elites democrático-liberais, prosseguida por I.asswell, que considerou perfeitamente compatível a existência das Elites com o funcionamento do regime democrático, esta teoria se religa à concepção de Joseph Schumpeter, segundo a qual aquilo que caracteriza o regime democrático é o método e, mais exatamente, o método que permite a cada indivíduo ou grupos rivais lutar pela conquista do poder em concorrência entre si 'através de uma competição, que tem por objetivo o voto popular' (*Capitalism. socialism and democracy,* 1942; trad. it., Milano 1955, p. 252).

Nesse sentido, a discussão não deveria se centrar no fim do elitismo para o triunfo da democracia, mas em mecanismos que drenassem anseios sociais às elites e que permitissem a sua renovação, como por meio do voto, fenômeno que se poderia chamar de "democratização da elite", ou, como se tornou mais conhecido, "elitismo democrático". Para Bobbio (1998, p. 389):

> Em substância, a crítica do elitismo monolítico terminou por dar origem a uma concepção desmitificada, realista, desencantada da democracia, que foi batizada e recentemente criticada com o nome de 'elitismo democrático' e cujas principais conotações são a 'concorrência das Elites políticas, o fato de que estas Elites devem dar conta de sua ação periódica junto aos eleitores e sejam diversamente acessíveis aos pedidos que vêm das classes inferiores'.

A concepção aqui defendida apresenta conotação significativamente distinta do debate exposto acima. Por *elitismo jurídico*, designo a enorme dificuldade/incapacidade que o direito tem de transcender/ultrapassar os interesses das elites que preponderantemente, o integram e o constroem, normalmente atrelados ao individualismo, segundo a lógica da acumulação. Essa dificuldade/incapacidade revela os limites da democratização do próprio direito e é, sem dúvida, no limiar do século XXI, um desafio cultural e político na busca de sua efetividade.

No marxismo, de modo semelhante, Mascaro (2008b, p. 131) afirma que "a razão individualista, nos limites da intersubjetividade, alcança só os horizontes do próprio interesse burguês". Se é verdadeiro, como se afirmou, que o direito sofre as influências da realidade social de onde brota, é igualmente verdadeiro que essas influências são maiores e mais intensas por parte daqueles que nessa realidade constituem as elites.

Assim, um direito feito apenas por homens e segundo seus interesses, tende a se tornar "sexista" e, portanto, elitista. Isso não ocorre em razão de um fator econômico (produção) ou político (cidadania), mas pela ausência de reconhecimento do outro e de seus interesses e necessidades.[1] Hespanha (2009, p. 310-314, grifo do autor), tratando das funções sociais do direito, sustenta que o elitismo jurídico se consolida a partir de:

> [...] ligações da academia a poderosos interesses sociais e econômicos e produzindo deformações nas temáticas dominantes dos *curricula* escolares (mais direito dos negócios, menos direito social), nas normas de reconhecimento (mais atenção ao direito provindo da regulação empresarial, nacional ou globalizada, menos atenção à regulação estadual) e na própria teoria do direito [...], consistente com os interesses das grandes empresas e com a visão que têm do direito os seus serviços jurídicos, estreitamente ligados às sociedades, nacionais e internacionais, de advogados.

Hespanha (2009), referindo-se ao contexto norte-americano, demonstra como a própria estruturação da carreira de advogado, segundo os interesses do mercado, tornou esse profissional, engajado na transformação social e ligado aos ideais éticos, uma firma de advocacia comprometida com os interesses empresariais. Hespanha (2009, p. 312-313) aborda que:

> Esta imagem negativa da nova organização empresarial dos serviços jurídicos agravou-se ainda, nos anos 80 do séc. XX, devido à ideia de que as sociedades de advogados, 'para gerirem eficientemente grandes concentrações de talentos e de meios, colocados ao serviço de atores economicamente poderosos que podiam pagar os seus honorários', agravavam as disparidades

1. Reconheço, entretanto, que as relações de gênero, por exemplo, também assumem espaços de reprodução nas esferas da produção e da cidadania.

> nas oportunidades de uso do sistema jurídico, fazendo mais pelos ricos e de menos pelos pobres. [...] a proximidade das sociedades de advogados em relação a grupos poderosos e influentes criava uma forte tendência de cumplicidade e *lobbying* a favor dos seus interesses individuais ou de grupo, mesmo quando não eram seus clientes atuais. (HESPANHA, 2009, p. 312-313).

Em sentido semelhante, Bourdieu (2012, p. 242) afirma que a proximidade de interesses e a formação familiar e escolar tendem a favorecer o parentesco de visões de mundo, isto é, uma cumplicidade tácita com as relações que na realidade social se apresentam como dominantes.

O elitismo do direito, como aqui identifico, manifesta-se em dois aspectos: o acesso ao direito e o acesso à justiça. Ambos constituem uma fronteira. Ela separa os que podem e os que não podem ter acesso ao direito e aos direitos. Quanto ao primeiro, é preciso ressaltar que o direito, historicamente no Brasil, tem sido composto por elites. Há pouco mais de cem anos, nunca é demais lembrar, a maior parte dos seres humanos que aqui viviam não era sequer considerada humana pelas elites (e não faltaram "religiosos" e "cientistas" que assim se posicionavam), ou, segundo a técnica jurídica, não era "sujeito de direitos". Além disso, entre os considerados humanos e livres, apenas os privilegiados, com poder econômico/prestígio político, acessavam os bancos das faculdades de direito. Como esculpiu Gama (2003, p. 14):

> Ciências e letras
> Não são para ti
> Pretinho da Costa
> Não gente aqui
> [...]

Não quero que digam
Que fui atrevido;
E que na ciência
Sou intrometido.
Desculpa, meu amigo,
Eu nada te posso dar;
Na terra que rege o branco
Nos privam té de pensar!..

A existência atual de políticas afirmativas, como as cotas para negros e alunos oriundos de escolas públicas, atesta que mais de um século não foi tempo suficiente para ampliar os modos/meios de acesso ao direito. E mais, embora as políticas constituam um importante/necessário avanço, sobretudo em termos de transformação da realidade social hierarquizada e desigual, elas não significam, entretanto, a democratização do direito. Isso porque a chegada dessa "nova" leva à universidade não é acompanhada, pelo menos não imediata e necessariamente, por uma transformação efetiva e profunda nos marcos teóricos em que se assenta o ensino jurídico brasileiro. Por esse motivo, pode apenas significar uma transformação isolada, muito mais pela doutrinação daquele que chega (assimilação do elitismo jurídico), do que pela transformação da doutrina em razão de sua chegada (democratização do direito).[2]

Embora a procedência social, econômica e cultural do indivíduo não seja determinante para a sua formação intelectual - há diversos exemplos na história que provam o contrário -,

2. O que pode ser uma possibilidade em relação ao sistema de cotas é uma realidade em relação ao Congresso Nacional. A chegada de diversos elementos oriundos de camadas oprimidas ao parlamento tem significado mais assimilação do elitismo do que democratização da produção normativa.

o fato é que é muito mais difícil transcender os próprios interesses (interesses de seu grupo/classe) quando não se conhece o outro, suas(seus) necessidades/interesses, sua realidade. Um direito constituído por elites haverá de ser, quase sempre, um direito elitista.[3] Seus institutos, seus marcos teóricos e suas ferramentas de análise estarão associados e contaminados pela realidade que informa o universo sociocultural conhecido de seus integrantes. Dessa forma, na medida em que não há contraponto, o elitismo do direito torna-se também uma negação do outro, uma "realidade" abstrata em torno dos próprios interesses. Também aqui se revela a dificuldade/incapacidade em "solucionar" juridicamente algumas demandas,

3. Não só a composição do sistema de justiça é marcada pelo elitismo, mas a do próprio Parlamento, que pretende o monopólio da produção normativa do país. A reportagem de **Raphael Di Cunto e Thiago Resende**, publicada pelo jornal **Valor**, de 07 de novembro de 2014, deixa claro que um único *holding* elegeu nada menos que 160 congressistas: "J&F 'elegeu' a maior bancada da Câmara. A primeira campanha com o fim das doações ocultas expôs a força empresarial na eleição para deputados. Oito grupos econômicos que irrigaram o caixa dos candidatos à Câmara dos Deputados com R$ 162,6 milhões ajudaram a eleger bancadas maiores que as do **PT** e o **PMDB**, mostra levantamento do Valor com colaboração do Valor Data. Mais de 160 deputados eleitos receberam dinheiro da J&F, dona do frigorífico JBS, na disputa por cadeiras no Congresso Nacional. O grupo empresarial enviou cerca de R$ 57,6 milhões para financiar a disputa, se consolidando - com folga - como o maior doador da nova Câmara, segundo declararam as campanhas ao **Tribunal Superior Eleitoral (TSE)**. A **JBS**, que também figura como a maior doadora dos candidatos majoritários desta eleição, recebeu bilionários empréstimos a juros subsidiados do **Banco Nacional de Desenvolvimento Econômico e Social (BNDES)**, que é um dos acionistas da companhia, dona da marca de carnes **Friboi**. A bancada financiada pela holding J&F é maior que a soma dos deputados eleitos em outubro do PT (70) e do PMDB (66), que se digladiam pela presidência da Câmara dos Deputados" (INSTITUTO HUMANAS UNISINOS, 2014). Igualmente ilustrativo é o Projeto de Lei nº 251/2010. Nesse caso, porém, os interesses são claros.

cuja complexidade reclama um olhar para além dos interesses mais imediatos.

Exatamente por isso, não é de estranhar que, para o integrante do sistema de justiça, cujo universo cultural tem na propriedade-mercadoria, adquirida por meio do título, a forma perfeita e acabada de acesso aos bens da vida, a ocupação de terras assuma a forma de uma invasão, isto é, de antijuridicidade. É o que Bourdieu (2012, p. 246) denomina de poder de universalização do direito, ou de etnocentrismo dos dominantes. Valores, formas de vida, condutas particulares de um determinado grupo social, do qual fazem parte (ou com quem tenham uma cumplicidade tácita) os integrantes do direito, tendem a se tornar práticas universais. O que não se encaixa no padrão normalizado é considerado desvio, patológico e antijurídico.

> Compreende-se que, numa sociedade diferenciada, o efeito de universalização é um dos mecanismos, e sem dúvida, dos mais poderosos, por meio dos quais se exerce a dominação simbólica ou, se se prefere, a imposição da legitimidade de uma ordem social. A norma jurídica, quando consagra em forma de um conjunto formalmente coerente regras oficiais e, por definição, sociais, 'universais', os princípios práticos do estilo de vida simbolicamente dominante, tende a *informar* realmente as práticas do conjunto dos agentes, para além das diferenças de condição e de estilo de vida: o efeito de universalização, a que se poderia também chamar *efeito normalização*, vem aumentar o efeito da autoridade social que a cultura legítima e os seus detentores já exercem para dar toda a sua eficácia prática à coerção jurídica. (BOURDIEU, 2012, p. 237).

É também o elitismo que faz pressupor, abstrata e formalmente, que o interessado, a parte processual, tem dimensão de toda a complexidade da demanda – fato tanto mais difícil de verificação prática quanto mais complexa ela for e, inversamente, quanto menos conhecimento formal possuir o sujeito –, e que o *expert*, encarregado da representação processual, é capaz de reproduzir toda essa complexidade, utilizando o intrincado sistema processual de provas e a hermética linguagem jurídica. É exatamente nesse ponto que Bourdieu (2012, p. 231) trata da injustiça e da necessidade jurídica. Para esse autor:

> [...] a sensibilidade à injustiça ou a capacidade de perceber uma experiência como injusta não está uniformemente espalhada e que depende estreitamente da posição ocupada no espaço social. Quer isto dizer que a passagem do agravo despercebido ao agravo percebido e nomeado, e sobretudo imputado, supõe um trabalho de construção da realidade social que incumbe, em grande parte, aos profissionais: a descoberta da injustiça como tal assenta no sentimento de ter direitos (*entiltlement*) e o poder específico dos profissionais consiste na capacidade de *revelar* os direitos e, simultaneamente, as injustiças ou, pelo contrário, de condenar o sentimento de injustiça firmado apenas no sentido da equidade e, deste modo, de dissuadir da defesa judicial dos direitos subjetivos, em resumo, de manipular as aspirações jurídicas [...].

Para acionar a Justiça em busca de justiça, é preciso ter conhecimento da lesão e constituir um profissional (normalmente o mesmo que se formou nas faculdades, dentro do universo do normativismo, individualismo e do elitismo jurídicos) que se encarregará de traduzir em texto jurídico a pretensão a ser viabilizada. Para tanto, Bourdieu (2012, p. 229) pontua:

> O campo judicial é o espaço social organizado no qual e pelo qual se opera a transmutação de um conflito direto entre partes diretamente interessadas no debate juridicamente regulado entre profissionais que atuam por procuração e que têm de comum o conhecer e o reconhecer da regra do jogo jurídico, quer dizer, as leis escritas e não escritas do campo – mesmo quando se trata daquelas que é preciso conhecer para vencer a letra da lei [...].

Há aqui dois pressupostos formais/abstratos equivocados. O primeiro corresponde ao fato de que esse conhecimento da lesão (de sua extensão, intensidade e conexões com casos semelhantes), especialmente quanto às demandas sociais estruturais, é tanto mais difícil quanto menor for o grau de formação educacional e de direitos dos lesados. Martins (2000, p. 27), ao tratar da demanda pela terra no Brasil, afirma:

> A consciência popular constitui um primeiro e insuficiente momento na compreensão dos problemas sociais e até mesmo do sofrimento que as circunstâncias impõem às vítimas das condições adversas da vida. Essa consciência, porém, se distancia cada vez mais da complexidade dos relacionamentos e das causas e da multiplicidade dos fatores dos problemas sociais decorrentes. Na sociedade moderna, já não há uma categoria social ou uma classe social que possa desenvolver uma compreensão abrangente e objetiva das contradições sociais e das respectivas saídas e superações.

Aliás, a própria dogmática jurídica dificulta e pode impedir, em particular para o leigo, o conhecimento/reconhecimento da lesão. O dogma da propriedade privada, absoluta e exclusiva do titular, por exemplo, dificulta ou impede o reconhecimento de que a terra constitui um direito decorrente da condição humana, antes ou além de qualquer título.[4]

---

4. Em pesquisa desenvolvida no mestrado, tratei de um Acórdão do Tribunal de Justiça do Estado do Maranhão (TJ-MA), o de nº 126.830/2013, proferido no Agravo de Instrumento de nº 40.667/2012 da comarca de Codó. A Constituição Federal, no art. 68 do Ato de Disposições Constitucionais Transitórias (ADCT), atribui às comunidades remanescentes de quilombos a propriedade da terra onde se localizam e exercem suas atividades produtivas (BRASIL, 1988). No aludido Acórdão, porém, fica claro que os ocupantes desconhecem essa previsão. Embora o Tribunal tenha (deva ter) dela conhecimento, é utilizado o depoimento em que os quilombolas "reconhecem" a propriedade de terceiro

> Estudos revelam que a distância dos cidadãos em relação à administração da justiça é tanto maior quanto mais baixo é o estrato social a que pertencem e que esta distância tem como causas próximas não apenas fatores econômicos, mas também fatores sociais e culturais ainda que uns e outros possam estar mais ou menos remotamente relacionados com as desigualdades econômicas. Em primeiro lugar, os cidadãos de menores recursos tendem a conhecer pior os seus direitos e, portanto, a ter mais dificuldades em reconhecer um problema que os afeta como sendo um problema jurídico. Poder ignorar os direitos em jogo ou ignorar as possibilidades de reparação jurídica. [...] Em segundo lugar, mesmo reconhecendo o problema como jurídico, como violação de um direito, é necessário que a pessoa se disponha a interpor a ação. Os dados mostram que os indivíduos das classes baixas hesitam muito mais que os outros em recorrer aos tribunais, mesmo quando reconhecem estar perante um problema geral. (SANTOS, 1999, p. 148).

Se a lesão, ou uma dimensão dela, ou ainda sua extensão não for levada ao processo através do sistema processual de provas, presume-se que juridicamente ela não existe, senão nos limites do apresentado/provado. Se isso, em se tratando de conflitos considerados individuais, já é visivelmente problemático, ainda mais no âmbito de conflitos decorrentes de demandas sociais estruturais, a consequência é a própria dificuldade/incapacidade do direito encontrar/construir resposta adequada.

Chega a ser perverso negar a existência do conflito e a necessidade de respostas efetivas em razão das vítimas de trabalho escravo, por exemplo, não terem conseguido se desincumbir

---

elemento de prova da propriedade do que se diz titular da terra: "[...] o fato de todos os moradores legítimos reconhecer que a propriedade pertence a outrem e que têm permissão do proprietário para fazer suas roças e colher seus produtos, pagando ao dono, em contrapartida, dois alqueires da produção por linha de roça". (MARANHÃO, 2013, não paginado).

dos meios hábeis de provas de sua situação, considerando um processo em que o "feitor(a) moderno(a)", seja fazendeiro(a) ou dono(a) da fábrica, fez-se acompanhar por uma banca de advogados muito bem treinada no paradigma normativista, enquanto as vítimas não levaram para o processo nada além do sentimento de injustiça que carregam consigo.

O segundo pressuposto formal/abstrato diz respeito ao fato de que, em regra, a jurisdição somente pode ser provocada por meio de profissional habilitado - advogado, procurador, membro do Ministério Público ou membro da Defensoria Pública -, o que, para uma significativa parcela da população brasileira, constitui a segunda fronteira a superar. Para os que não podem custear as despesas de um processo judicial, os denominados "pobres na forma da lei", com renda normalmente de até três salários mínimos,[5-6] o serviço de assistência jurídica gratuita

5. Na Defensoria Pública da União o limite de renda para fins de atendimento, em regra, é de R$ 2.000,00 (CONSELHO SUPERIOR DA DEFENSORIA PÚBLICA DA UNIÃO, 2017).

6. A perspectiva de atuação da Defensoria Pública, conforme a compreende doutrina atual acerca do tema, transcende o aspecto estritamente econômico. A legitimidade de atuação se verifica sempre que presentes interesses de grupos vulneráveis. A esse respeito, é lúcido ponto de vista de Passadore (2016, p. 161), segundo o qual: "Aponta-se, finalmente, que a atividade de aludido órgão [Defensoria Pública] vai além da assistência jurídica aos hipossuficientes, mormente a partir da edição da Emenda Constitucional 80/2014. Afinal, se é um dos objetivos constitucionais erradicar a pobreza (art. 1º, III, da CF), chegaria a ser paradoxal argumentar que um órgão voltado apenas para assistência dos pobres seja uma "instituição permanente" (art. 134, caput, da CF), ou seja, ou erradicar a pobreza não é efetivamente um objetivo constitucional, ou a Defensoria Pública possui atribuições muito mais amplas do que uma leitura superficial acerca do papel da instituição possa sugerir". A este respeito, ver o instigante trabalho de Edilson Santana Gonçalves Filho, Maurílio Casas Maia e Gustavo Bheron intitulado Custos *vulnerabilis*: A Defensoria Pública e o equilíbrio nas elações político-jurídicas dos vulneráveis, Editora CEI, 2019.

deve ser, segundo a Constituição Federal (art. 5º, LXXIV e art. 134), prestado pela Defensoria Pública, instituição que não havia sido, até 2013, sequer instalada em quatro estados da federação (Goiás, Amapá, Paraná e Santa Catarina). Em dados atuais, apenas o Rio de Janeiro conta com defensores públicos em todas as respectivas unidades jurisdicionais (GONÇALVES; BRITO; FILGUEIRA, 2015).

Para ficar apenas nos dados quantitativos, das 2.580 (duas mil, quinhentos e oitenta) comarcas[7] existentes no país – unidades jurisdicionais que contam obrigatoriamente com, pelo menos, um membro do Ministério Público e um do Poder Judiciário –, apenas 754 (setecentos e cinquenta e quatro), isto é, 29% (vinte e nove por cento) contam com defensores públicos (INSTITUTO DE PESQUISA ECONÔMICA APLICADA, 2014). Eis nitidamente uma demanda social estrutural imperceptível ao olhar elitista do Direito.[8]

Mesmo se tratando da estruturação de unidades jurisdicionais, as denominadas varas, as necessidades que extrapolam os interesses das elites encontram enormes dificuldades de satisfação, como é exemplo a criação de varas especializadas

---

7. As unidades jurisdicionais denominadas comarcas podem ter abrangência superior ou inferior à área de um município, daí porque não são coincidentes os números absolutos de comarcas e municípios.

8. A experiência tem demonstrado que se há uma percepção ela se verifica muito em função das necessidades práticas do próprio sistema de justiça do que dos usuários do serviço. Assim, a existência do defensor público é muito mais pensada como mecanismo necessário à engrenagem do sistema (sem defesa prévia, por exemplo, o processo penal não tramita) do que como serviço essencial desvinculado da máquina processual. Ressalta-se que a proposta de uma assistência que extrapolasse o viés processual foi a que prevaleceu na Constituição de 1988, quando a assistência, que era judiciária, tornou-se, do ponto de vista da norma, jurídica, podendo ou não enveredar por um processo judicial.

em dirimir conflitos fundiários coletivos, prevista em dispositivo constitucional nunca efetivamente cumprido.[9] Nesse caso, os interesses das elites tanto podem estar dificultando a percepção da necessidade do outro, sobretudo quanto ao cumprimento do dispositivo constitucional, como também podem estar em colisão com esse, impedindo deliberadamente o seu cumprimento. A existência de tantas fronteiras imprime um certo tom irônico na afirmação do livre acesso à jurisdição, discursivamente pregado na jurisprudência brasileira.

5.1 O ensino jurídico

Uma análise mais acurada do quadro em que se encontra o ensino jurídico no Brasil está além dos objetivos e limites destas estreitas linhas. Contudo, há espaço para afirmar, com segurança, que as dificuldades encontradas pela educação formal, sobretudo quanto à formação de indivíduos críticos e de alta capacidade criativa, são reproduzidas, quiçá de modo ainda mais evidente, no ensino jurídico de nível superior.

São diversos os fatores que criam essa atmosfera propícia à formação massiva de reprodutores de "soluções" prontas, em grande medida como mera repetição de decisões proferidas por tribunais superiores. Entre eles, está um forte movimento de cooptação das profissões em geral e do direito em particular pelo mercado. Isso tanto se revela pelo crescimento expo-

9. Art. 126. Para dirimir conflitos fundiários, o Tribunal de Justiça proporá a criação de varas especializadas, com competência exclusiva para questões agrárias. (Redação dada pela Emenda Constitucional nº 45, de 2004). Sempre que necessário à eficiente prestação jurisdicional, o juiz far-se-á presente no local do litígio. Aqui também se apresenta a inefetividade do Direito. (BRASIL, 1988, não paginado).

nencial de cursos privados de ensino jurídico[10] quanto pela formação voltada a atender às demandas de mercado, o que ajuda a compreender, por exemplo, o fato da grade curricular dos cursos de direito em geral, numa realidade com tantas demandas graves e urgentes, privilegiar seis, às vezes oito, cadeiras de direito civil, e apenas três de direito constitucional; uma, ou nenhuma, de direitos humanos, direito à educação, direito ao meio ambiente etc.

Além disso, a incompreensão acerca da importância do papel do professor, que historicamente se releva, entre outros fatores, nos péssimos salários pagos a essa categoria profissional, que marcam o ensino formal no país, reproduz-se no campo do ensino jurídico com uma particularidade. É que os cargos, públicos ou privados, normalmente preenchidos por bacharéis em direito, possuem remunerações de destaque no mercado.[11] Em num cenário desses, o exercício do magistério jurídico dificilmente consistirá na única ou, pelo menos, na principal atividade desenvolvida pelo profissional. O magistério assim exercido, a par de louváveis exceções, encontrará enorme dificuldade em ir além de uma reprodução do que o profissional exerce em sua atividade principal. Talvez aí também resida a

10. Conforme o Censo de Educação Superior de 2015, atualizado até outubro de 2016, 87,5% das instituições de ensino superior são privadas, de modo que, no Brasil, há 2,6 alunos matriculados na rede particular para cada aluno da rede pública (INSTITUTO NACIONAL DE ESTUDOS E PESQUISAS EDUCACIONAIS ANÍSIO TEIXEIRA, 2016).

11. Basta observar que o teto remuneratório do funcionalismo público brasileiro não é o salário de um professor – cujo piso salarial atualizado equivale a R$ 2.298,80, conforme a Portaria nº 31/2017 do Ministério da Educação (BRASIL, 2017), e a regulamentação da Lei nº 11.738/2008 – mas o de um ministro do Supremo Tribunal Federal, correspondente ao valor de R$ 33.763,00, nos termos da Lei nº 13.091/2015 (BRASIL, 2015).

causa da inexistência de forte tradição no desenvolvimento da pedagogia do ensino jurídico.

Além disso, e como majoritariamente o ensino jurídico brasileiro é privado e desenvolvido apenas por faculdades, centradas no ensino,[12] a falta de contato dos alunos com as atividades de extensão e de pesquisa contribui para a formação de bacharéis que pouco compreendem a formação histórica e os problemas de sua própria realidade. Certamente, esses alunos sentirão dificuldade de construir soluções alternativas para esses mesmos problemas, quando, ao menos, conseguirem identificá-los.

Do ponto de vista social, esse processo se traduz em apatia e falta de engajamento dos cursos de direito em relação às demandas sociais presentes no meio em que estão inseridos. É sintomático desse processo a forma como a grade curricular está estruturada. Via de regra, em que pese o necessário registro de exceções de vanguarda, além da ampla prevalência de disciplinas que pouco (ou nada) servem para a maior parte da população brasileira, não há em sua organização e estrutura o que permita inferir o compromisso do ensino jurídico com os graves, estruturais e históricos problemas da sociedade brasileira.

Na grade curricular, dificilmente, se encontrará um esforço sério e concentrado quanto ao tema da desigualdade e dos mecanismos para superá-la; não se achará também a corrupção como tema, cuja importância social e complexi-

12. Ainda com base no Censo de Educação Superior 2015, sabe-se que as 195 Universidades existentes no Brasil equivalem a apenas 8,2% do total de instituições de ensino superior, e ainda que, 54,9% daquela quantidade indicada são da rede pública (INSTITUTO NACIONAL DE ESTUDOS E PESQUISAS EDUCACIONAIS ANÍSIO TEIXEIRA, 2016).

dade permitam uma disciplina específica, que contribua para a construção no país de uma cultura forte de combate a esse mal; nela, também, não há espaço para o ensino e investigação acerca da importância da educação formal, especialmente a pública, como instrumento inafastável para a promoção do desenvolvimento humano. A lista é extensa.

Quando muito, esses temas são relegados às questões pontuais, localizados – para não dizer escondidos – em disciplinas que, já em seu nome, revelam a sua ausência de compromisso com essas demandas, quando não são identificadas como eletivas. É o que se verifica, por exemplo, com a corrupção, tratada lateralmente pelo direito administrativo como improbidade e pelo direito penal sob o signo de crimes contra a Administração Pública.

A produção doutrinária do bacharel formado nessa atmosfera possuirá, via de regra, limites evidentes. Nesse sentido, Streck (2005, p. 83) afirma:

> A doutrina que sustenta o saber jurídico resume-se a um conjunto de comentários resumidos de ementários de jurisprudência, desacompanhados dos respectivos contextos. Cada vez mais a doutrina doutrina menos; isto é, a doutrina não mais doutrina; é, sim, doutrinada pelo tribunais. É nisto que se baseia o casuísmo didático: a partir da construção de 'categorias', produzem-se raciocínios 'dedutivos', como se a realidade pudesse ser aprisionada no 'paraíso dos conceitos do pragmatismo positivista dominante.

Em via semelhante, Santos (2011b) defende que os novos desafios com que se depara o direito exigem uma revolução no ensino jurídico, a começar pelas faculdades de direito e pelas escolas de magistratura. Nesses espaços, a tônica do ensino deve passar, entre outros fatores, pela capacitação pedagógica dos professores e pela compreensão de que o campo em que se insulou o direito o torna obsoleto às práticas emancipatórias. Após lembrar que o projeto "Sistema Judicial e Racismo" do Centro de Estudios de Justiça de las Américas demonstra ainda imperar no sistema judiciário brasileiro uma concepção de democracia racial de *Casa Grande e Senzala*, de Gilberto Freyre. O autor menciona um fato que ilustra perfeitamente o descompasso entre o direito (voltado à acumulação) e a realidade que nem sempre se subjuga (ou pelo menos resiste) a essa lógica. O autor utilizou o caso de uma assistente sua em Bogotá:

> Numa aula de direito civil, em que o professor lecionava que a terra é um objeto de propriedade, que se compra e se vende, ela pediu para falar e disse: 'mas professor, na minha comunidade não é assim, nós não podemos possuir a terra porque nós somos parte da terra, a terra não nos pertence, nós é que pertencemos à terra'. Ao que o professor respondeu rispidamente: 'eu estou aqui a ensinar o código civil, não me interessam outras concepções'. Ela chegou ao meu gabinete a chorar porque o conhecimento jurídico oficial que ela estava a aprender estava a torná-la ignorante a respeito do seu próprio direito indígena. Ao aprender o direito oficial, estava a esquecer ativamente o direito indígena, e, portanto, o processo de conhecimento era também um processo de desconhecimento. (SANTOS, 2011b, p. 97).

b) A "verdade" no processo judicial

Sustentei acima que a ciência moderna com o objetivo de superar os entraves ao desenvolvimento livre e autônomo do ser humano realizou um enorme esforço de construção do método, isto é, de um procedimento capaz de conduzir o pesquisador e, nesse sentido, a própria humanidade (ocidental?), ao conhecimento seguro e verdadeiro. Afirmei ainda que esse esforço está assentado, entre outros, na distinção/dicotomia "sujeito" e "objeto. Na prática, essa distinção significou, como lembra Santos (2011a, p. 83) a consagração do ser humano como sujeito epistêmico e o seu esquecimento/negação como sujeito empírico, o que foi "crucial para consolidar uma concepção de conhecimento instrumental e regulatório".

A negativa do outro pela sua caracterização enquanto objeto, coloca-o em relação de submissão ao sujeito cognoscente. Não por acaso, a história do colonialismo, em sua versão sociopolítica, é a história da negação do outro e de sua utilização enquanto instrumento de interesses externos. A perspectiva de análise do fato social enquanto "coisa", proposta por Durkheim (1987), é, talvez, a versão mais emblemática desse enorme esforço.

A separação sujeito e objeto é tanto uma neutralização do objeto quanto uma anulação do sujeito (subjetividade). Sob inegável contribuição da hermenêutica filosófica de Gadamer, Santos (2011a) sustenta que essa anulação constitui um mito.

> Hoje sabemos ou suspeitamos que as nossas trajetórias de vida pessoais e coletivas (enquanto comunidades científicas) e os valores, as crenças e os preconceitos que transportam são a prova íntima do nosso conhecimento, sem o qual as nossas investigações laboratoriais ou de arquivo, os nossos cálculos ou os nossos trabalhos de campo constituiriam um emaranhado de diligências absurdas sem fio nem pavio. No entanto, este saber das nossas trajetórias e valores, do qual podemos ou não ter consciência, corre subterrânea e clandestinamente, nos pressupostos não-ditos do nosso discurso científico. (SANTOS, 2011a, p. 83-84).

A distinção sujeito/objeto também alcança o direito. A jurisprudência é o espaço por excelência em que essa distinção assume forma concreta. A cientifização do direito radica, entre outros fatores, nessa distinção e se revela pela centralidade do "processo de conhecimento" na teoria do processo.

Através do processo e segundo os termos e limites do intrincado sistema de provas e ritos (e rituais), o juiz, levando em consideração os interesses discutidos, "conhece" do conflito para solucioná-lo. De acordo com Bourdieu (2012, p. 228), a decisão judicial, síntese lógica entre teses antagonistas, estabelece compromisso político entre exigências inconciliáveis e participa, ao mesmo tempo, do campo político e do campo científico.

Conforme esse autor, o elevado grau de autonomia que atinge o direito, tendo em vista sua relação com o campo científico, permite conferir um primado prático à oposição entre o verdadeiro e o falso (BOURDIEU, 2012). A justiça (processual) e a segurança da decisão deveriam ser alcançadas pelo distanciamento do conflito real (do objeto). Para o autor:

> A situação judicial funciona como *lugar neutro*, que opera uma verdadeira *neutralização* das coisas em jogo por meio da 'des-realização' e da distanciação implicadas na transformação da defrontação direta dos interessados em diálogo entre mediadores. Os agentes especializados, enquanto terceiros [...] introduzem, mesmo sem querer nem saber, uma distância neutralizante a qual, no caso dos magistrados pelo menos, é uma espécie de imperativo da função que está inscrita no âmago dos *habitus* [...]. (BOURDIEU, 2012, p. 227, grifo do autor).

Esse distanciamento é exatamente o fator que viabiliza e que reforça o caráter elitista do direito. Ele está assentado na centralidade da norma e por dois mecanismos de filtragem: no âmbito cognitivo, a subsunção; no âmbito processual, a prova. Acima tratei da subsunção, ao falar do normativismo. Agora, perfunctoriamente, abordo da produção de prova como mecanismo de distanciamento e, por isso mesmo, de elitização do direito.[13]

13. O elitismo também se revela na pressuposição equivocada de que as partes sempre dispõem de profissional habilitado para produzir provas quanto o de

O dogma da imparcialidade/neutralidade da jurisdição tanto resulta da necessidade de legitimar o Estado como terceiro desinteressado e acima dos interesses de sujeitos e grupos da chamada "sociedade civil", como também da distinção sujeito/objeto, que informa o pensamento científico moderno. Uma consequência imediata desse dogma pode ser encontrada na perspectiva de inércia da jurisdição. Muito embora ela seja relacionada à provocação, isto é, ao ingresso com ação judicial, ela tem significado, em demandas sociais estruturais, uma omissão conivente com injustiças flagrantes.

Em sentido amplo, a crítica acima formulada à atuação do Estado como Pôncio Pilatos, pode ser, com as devidas adaptações, aplicada ao sistema de justiça. A inexistência da prova processual e, mais ainda, do pressuposto formal de que ela constitui ônus (encargo/peso) da parte interessada, e que, ao juiz, numa posição equidistante, caberia "conhecer" o "objeto" do conflito, priorizando as provas "livremente" produzidas pelas partes, têm constituído álibi e fundamento suficiente para negar uma cognição mais ampla e profunda acerca do conflito.

O limite do "conhecimento" é o limite do provado processualmente. A regularidade/adequação da decisão não é aferida pela sua capacidade de incursão na complexidade dos fatos, dos quais se constitui a demanda, mas pela capacidade de valoração das provas produzidas pelos interessados. O processo converte interesses conflitivos em luta pela construção da verdade processual.

---

compreender sobre o que deve constituir meio de prova. Da inexistência de um profissional habilitado, já tratei acima ao referir o descumprimento do mandamento constitucional, que assegura o pleno acesso à jurisdição (art. 5º, LXXIV da CF). Tratarei neste item sobretudo da produção da prova.

> Com efeito, o conteúdo prático da lei que se revela no veredicto é o resultado de uma luta simbólica entre profissionais dotados de competências técnicas e sociais desiguais, portanto, capazes de mobilizar, embora de modo desigual, os meios ou recursos jurídicos disponíveis, pela exploração das 'regras possíveis', e de os utilizar eficazmente, quer dizer, como armas simbólicas, para fazerem triunfar a sua causa; o efeito jurídico da regra, quer dizer, a sua *significação* real, determina-se na relação de força específica entre os profissionais, podendo-se pensar que essa relação tende a corresponder [...] à relação de força entre os que estão sujeitos à jurisdição respectiva. Itálico no original. (BOURDIEU, 2012, p. 224-225).

A inexistência da prova é, juridicamente, a inexistência da verdade. Nessa luta, ganha o mais hábil em produzir provas. A solução não é construída pela realidade/complexidade do conflito e pelos reais/concretos interesses em jogo, mas conforme o caderno probatório.[14]

---

14. Talvez, nenhum caso na história recente brasileira seja tão ilustrativo quanto ao que se verificou com o recente julgamento no Tribunal Superior Eleitoral, referente à chapa da presidência vitoriosa nas eleições de 2014. Uma análise mais detida do julgamento escapa aos objetivos deste trabalho. Mas, alguns aspectos, especialmente de ordem processual e política do julgamento, são relevantes e pertinentes. Desde a propositura da demanda pelo partido político que perdeu no segundo turno, diversos escândalos envolvendo ambos os integrantes da chapa vitoriosa vieram à tona, muitos deles resultantes de delações premiadas de conteúdo extremamente grave e impactante, como, aliás, reconhecido por todos os membros do Tribunal. Nunca se teve, num julgamento no TSE, como afirmou o Ministro Relator, um conjunto probatório tão farto e eloquente como o que embasava aquela ação judicial. A saída da presidente, em razão do *impeachment* superveniente, bem como a ascensão de seu vice que nomeou dois dos sete Ministros da Corte Eleitoral, alteraram significativamente o ânimo de cumprir as normas eleitorais que objetivam elidir do processo eleitoral o abuso do poder econômico e da utilização de contabilidade não declarada pelos partidos políticos e candidatos (caixa 2). Diante daquele conjunto de provas, a absolvição da chapa não teria qualquer credibilidade jurídica e, consequentemente, nem política. A solução encontrada é muito representativa do papel desempenha-

Há aqui um pressuposto evidentemente equivocado: o de que as partes são igualmente capazes de produzir provas, possuem o mesmo conhecimento acerca da complexidade do conflito e de seus liames com o sistema jurídico, e dispõem dos mesmos meios de defesa. A igualdade no processo judicial é, pois e tão somente, formal.

O sistema de provas, assim concebido, distancia o julgador da vida, do conflito, e se torna uma venda que lhe encobre a visão, como na metáfora da deusa Themis, símbolo da justiça. Constitui também uma fronteira, tanto para as partes, que somente ingressam no mundo do processo por meio das provas, quanto para o julgador, que somente conhece os fatos convertidos em prova pelos interessados.

---

do pelo direito num contexto capitalista e também de credibilidade bastante duvidosa. Se com as provas a absolvição é inviável, a solução encontrada foi a de retirá-las do processo. Sem provas, não há verdade processual, não há com que amparar um pleito condenatório. Para que o direito cumprisse seu papel em nome da segurança jurídica e estabilidade econômica do país, o caderno probatório foi anulado e a chapa absolvida.

6. Caminhos para democratização do direito

Nos capítulos anteriores, tratei de três dos pilares sobre os quais se assenta o paradigma normativista no Brasil. O primeiro deles pode ser resumido pela centralidade da norma, cuja consequência mais imediata e desastrosa está na dissociação entre direito e vida, e na despolitização dos conflitos postos à apreciação do direito (BOURDIEU, 2012). Essa centralidade da norma retirou-lhe muito de sua capacidade transformadora e revolucionária, a qual justifica a sua própria existência, tornando-o instrumento dócil a serviço de interesses que, considerados premissas silenciosas, não ingressam no campo das questões juridicamente relevantes. Isso é possível perceber desde a grade curricular do curso de direito, passando pela doutrina e chegando aos temas que, via de regra, têm batido às portas do sistema de justiça.

O segundo é a submissão do direito à lógica liberal-individualista. Essa contaminação do direito pelo individualismo pode ser identificada tanto na forma de estruturação do sistema de justiça, voltado à produção massiva e em série de soluções jurídicas prontas e de baixa carga de complexidade, atadas à segurança jurídica e à estabilidade das relações, quanto nos institutos jurídicos de direito material e processual. Analisei duas manifestações dessa submissão no direito material, a centralidade da propriedade privada em diversos ramos do direito e a dicotomia jurídica de direito público (Estado) e de direito privado (sociedade civil), metaforicamente representada no papel de Pôncio Pilatos desempenhado pelo Estado; no direito processual, apontei a inexistência de uma forte tradição do direito brasileiro no campo da discussão pública e social dos conflitos. Um dos resultados mais graves dessa contaminação está na dificuldade de compreender as causas reais e profundas dos conflitos quanto mais individualizados ou, para utilizar a expressão de Santos, mais miniaturizados eles forem, no campo do direito. Essa lógica permite, também, escamotear as forças e os interesses que se encontram em disputa na realidade social. Num e noutro aspecto, a atuação do direito, assim configurada, pode, quando muito, amenizar efeitos localizados e específicos de demandas estruturais.

O terceiro pode ser identificado na dificuldade/incapacidade, deliberada ou negligenciada, de o direito reconhecer e dar tratamento às demandas que não toquem diretamente aos interesses das elites. Sustentei que, desde a nossa formação histórica colonial, o direito tem sido ocupado por elites e que, nos dias atuais, tanto a formação quanto a produção teórica e prática do direito são constituídas por bases elitistas. Esse comprometimento tem resultado na ampla prevalência de institutos de direito material e processual, voltados à estabilidade e à segurança jurídica, e em oposição às práticas preocupadas com as transformações mais profundas e duradouras.

Esses três pilares constituem, cada um, uma fronteira. Superá-las, todas e completamente, pode abrir novos caminhos para a democratização do direito. O cumprimento da promessa da modernidade em que se efetiva o próprio direito passa por aí.

O período pelo qual atravessamos, segundo Santos (2011, p. 49), é de transição. Em nível mais evidente, trata-se uma crise. Em nível profundo, essa crise é uma transição paradigmática. Uma transição da modernidade para um novo paradigma sociocultural, cuja essência apenas pode ser vislumbrada. O seu vislumbre é particularmente mais importante na ciência e no direito.

Na ciência se vislumbra uma transição, denominada por Santos (2011a,) de epistemológica, da "ciência moderna" para a teoria do "conhecimento prudente para uma vida decente".[1] No direito, percebe-se uma transição societal, que vai de uma realidade capitalista marcada pelo patriarcado, pelo consumismo individualista e por identidades-fortaleza, para uma outra, sentida sob a forma de "vibrações ascendentes".

O movimento do pensamento, em que se traduz o presente texto, mobiliza ferramentas que podem abrir caminhos para essa transição. Evidentemente, não são estradas perfeitas e pavimentadas, como não poderiam mesmo ser. São ainda impregnadas de meandros e reentrâncias e de traçado não integralmente novo, já que presentes neles as pegadas daqueles desbravadores que carregaram e/ou carregam consigo a mesma irresignação. Sigo por eles a passos firmes, porém, na certeza de que, se o caminho pode não ser o correto, o que só a jornada e o tempo revelarão, a busca pelo destino, além de urgente, é um caminho sem volta.

1. Uma análise mais detida das mudanças que se processam no campo da ciência extrapola os limites estreitos dos objetivos deste trabalho, razão pela qual ater-me-ei, mais especificamente, à análise do campo do direito.

A primeira dessas ferramentas consiste na superação da centralidade da norma e no que se convencionou chamar de objeto da ciência jurídica. Não se trata de simples ingresso dos fatos no campo jurídico, o que já seria significativo, mas de compreender que a norma não é menos fato social que qualquer experiência humana. No lugar da clássica dicotomia fato-norma, proponho as categorias *demandas* e *equivalentes jurídicos*.

A segunda dessas ferramentas consiste no reconhecimento de que as demandas são sociais, historicamente construídas e determinadas, resultantes de relações sociais de poder, em espaços que transcendem uma outra dicotomia amplamente aceita na teoria tradicional: Estado-sociedade civil. O que o direito tem designado por demanda individual é, em verdade, o resultado de um processo de individualização arbitrário, com critérios de definição que devem ser discutidos. A terceira, cunhada por Santos, é aqui aplicada ao direito. Trata-se da solidariedade, considerada como forma de saber e prática social pautada pela reciprocidade intersubjetiva.

Logo, descentralizar a norma como epicentro da análise jurídica, transbordar os limites da lógica liberal-individualista e romper com o elitismo jurídico são fatores que constituem, respectivamente, o destino a que cada um desses caminhos deve conduzir. Todos convergem para superação da fronteira, que é o paradigma normativista.

6.1 Demandas e seus equivalentes jurídicos

A preocupação em introduzir os fatos na análise jurídica não constitui necessariamente uma novidade. A própria ideia de subsunção, arraigada à teoria normativista no Brasil, contempla essa possibilidade. Nela, porém, os fatos possuem existência e sentido subordinados à norma, sempre considerada uma instância apartada dos fatos e o ponto de partida da análise jurídica. Além disso, a norma possui existência própria, abstrata e dissociada da realidade social da qual resulta.

É preciso romper não só com a perspectiva de prevalência da norma sobre o fato, como com a própria dicotomia fato-norma. Inicialmente, tanto o que a teoria normativista designa como "fato", quanto o que ela define como "norma", são ambos fatos sociais. O que se convencionou chamar de "norma" não constitui um fenômeno abstrato. Bem ao contrário, trata-se de um construto social resultante de lutas e conflitos, os quais não se encapsulam nos debates parlamentares, como pretendeu Kelsen.

A construção da norma é um campo de luta social, assim como o é o de luta pela terra, pela igualdade, pela educação. A norma, longe de ser pura ou neutra, é uma construção social, para a qual concorrem a visão de mundo e os interesses de seus construtores, tanto na seara legislativa (criação) quanto no sistema de justiça (criação e aplicação).

É exatamente esse caráter técnico e neutro que se pretende imprimir à atuação do direito, o que permite que o seu caráter político se viabilize como pressuposto. Essa construção, por outro lado, possui também sua historicidade, via de regra, imbrincada pelo próprio conflito que lhe serve de substrato.

Proponho, no lugar da dicotomia fato-norma, que sejam trabalhadas as categorias *demandas* e *equivalentes jurídicos*. Por demandas, designo as necessidades sociais historicamente determinadas e experimentadas por sujeitos e grupos, individual e socialmente. Há necessidades ligadas diretamente à manutenção da vida, como saúde, alimentação e moradia, e outras que podem ser designadas culturais, como a convivência comunitária, a educação e a arte.

Nem sempre o direito reconhece a existência de uma demanda. E há demandas que, em razão de seu vínculo com os interesses hegemônicos, prevalecem sobre outras no campo jurídico.

> A estrutura das necessidades humanas (existenciais, materiais e culturais) que permeia a coletividade refere-se tanto a um processo de subjetividade, modos de vida, desejos e valores, quanto à constante 'ausência' ou 'vazio' de algo almejado e nem sempre realizável. Por serem inesgotáveis e ilimitadas no tempo e no espaço, as necessidades humanas estão em permanente definição e criação. (WOLKMER, 2012, p. 262).

Os equivalentes jurídicos constituem a expressão das respostas do direito às demandas por ele reconhecidas. Essas respostas tanto assumem a forma de direito material (direito à educação, por exemplo) como de direito processual (mandado de segurança para garantir o exercício do direito à educação).

A correspondência entre demandas e equivalentes jurídicos é seletiva e historicamente determinada. O surgimento de uma demanda não assume, necessária e imediatamente, a forma de equivalentes jurídicos e nem estes correspondem, integralmente, às demandas que lhes constituem o substrato social.

Mascaro (2008a, p. 185), ao tratar do que Bloch, na vertente marxista, denomina de não-linearidade da história e do acúmulo de demandas reprimidas e não satisfeitas da humanidade ao longo das gerações, afirma:

> [...] a história, para Bloch, é um somatório contraditório de demandas e necessidades não-resolvidas, cujas energias se acumulam e não se canalizam em apenas uma frente de

> transformação. Assim sendo, até mesmo para o direito, as demandas sociais são acúmulos de desejos, inspirações e energias, tanto aquelas pré-capitalistas, de uma sociedade sem instituições arbitrárias, quanto as capitalistas, de uma sociedade arbitrária na contabilidade das próprias instituições. Tais energias represadas por inúmeros grupos das classes exploradas são o combustível para a utopia concreta, inclusive para uma utopia concreta jurídica.

Na história da sociedade brasileira, há demandas estruturais graves que não integram os horizontes elitistas do direito e que não se traduzem na extensa e positivista grade curricular dos cursos jurídicos pelo país. A demanda social pelo reconhecimento de direitos, no âmbito das relações de trabalho doméstico, é um exemplo. Ela possui raízes na casa grande colonial escravagista[2].

Mesmo após mais de um século desde o fim do regime infame, essa demanda ainda não encontrou no campo jurídico equivalentes, de direito material e processual, à altura de sua natureza e significado histórico. O reconhecimento pioneiro, mas tardio, pela própria Constituição Federal de 1988, de apenas parte dos direitos dos empregados em geral aos domésticos, exemplifica bem as dificuldades que certas demandas sociais podem enfrentar para encontrar no direito seus equivalentes jurídicos.[3] Os exemplos poderiam prolongar bastante essas linhas. Por ora, esse é o suficiente.

---

2. Acerca da relação direito e o regime escravocrata no Brasil Imperial, ver o excelente trabalho monográfico Justiça infame: crime, escravidão e poder no Brasil imperial, de Yuri Costa. 1ª Ed. São Paulo: Alameda, 2019.

3. A ementa da Emenda Constitucional de nº 72 do ano de 2013 é autoexplicativa: "Altera a redação do parágrafo único do art. 7º da Constituição Federal para estabelecer a igualdade de direitos trabalhistas entre os trabalhadores domésticos e os demais trabalhadores urbanos e rurais". (BRASIL, 2013, não paginado).

A questão é que não se pode resumir a um simples ingresso dos fatos na análise jurídica, nem tampouco à sua prevalência em relação à "norma". Trata-se de compreender o fenômeno jurídico como expressão de demandas e dos equivalentes jurídicos correspondentes, estes como fatos sociais historicamente determinados. Escavar fundo, para utilizar a expressão de Foucault, permitirá compreender melhor os caminhos historicamente determinados, os quais foram percorridos até que a demanda e seus equivalentes jurídicos chegassem à figuração atual, além das implicações daí decorrentes.

A intervenção crítica de que trata Dussel (2002), já aludida, passa por essa compreensão. O esforço no sentido da democratização do direito tanto pode estar direcionado a mudanças dos equivalentes jurídicos em resposta às demandas reconhecidas quanto à identificação e ao reconhecimento de demandas negadas ou não reconhecidas.

6.2 Demandas individuais e seu processo de individualização

A lógica liberal-individualista projeta para o indivíduo problemas e riscos que são coletivamente criados. É nesse sentido que Bauman (2013, p. 24-25) se refere ao processo de privatização, como expressão de um processo de promoção de padrões individualizantes, em essência anticomunitários, no estilo do mercado de consumo e que coloca os indivíduos em permanente competição entre si. Isso resulta na "fragilização e no desmoronamento dos alicerces sociais da solidariedade humana".

Essa projeção está assentada na ideia de que o indivíduo, seja pessoa física ou jurídica, possui as oportunidades e as condições necessárias para que, por sua conta e risco, construa seu destino e atenda às suas necessidades. Qualquer resultado diferente do pretendido é creditado à sua própria conduta e às suas escolhas.

No cerne dessa projeção está a propriedade privada. Seu triunfo, já afirmei acima, deve-se, em certa medida, ao "esquecimento" da propriedade-trabalho, enquanto relação humana com a natureza, mediada pelo trabalho, em nome da propriedade abstrata, voltada ao acúmulo. Desse modo, foi possível criar a ilusão de que há um espaço propriamente privado, que diria respeito ao campo da propriedade do indivíduo e de seu exclusivo interesse, o espaço do direito privado. A propriedade privada, enquanto direito absoluto e exclusivo do indivíduo sobre a coisa, oponível a todos os demais, é o equivalente jurídico mais perfeito desse processo.

Como os bens que possibilitam a vida digna nem sempre existem em quantidade que permita a acumulação, a concorrência e a competição, além de estimuladas pela premiação dos "vencedores", passam a ser vistas como positivas. A vida se torna, nos moldes da seleção natural darwinista, uma luta desenfreada e permanente pela sobrevivência. O outro, o semelhante, torna-se rival, oponente. O conflito naturaliza-se. Há nesse processo tanto um desprestígio da política, por sua evidente exclusão do campo e do que se convencionou chamar de esfera individual e privada (que hoje domina significativa parte da vida), quanto uma submissão dela à lógica do acúmulo.

No século passado, o direito, curvado a essa lógica, concentrou suas energias na busca de soluções para esses conflitos. O equivalente jurídico criado foi a "demanda individual". O sujeito de direitos, autônomo, capaz e plenamente consciente de seus direitos, acompanhado de profissional habilitado, promoveria a ação judicial que lhe asseguraria uma solução para a estabilidade e segurança ao conflito.

Os efeitos nefastos da supremacia dessa lógica são muitos e graves. O acúmulo excessivo de ações judiciais individuais, em tramitação no sistema de justiça, é um dos mais salientes e um sinal de que o esforço pode ter sido vão. Ações judiciais, aos milhares, são diariamente promovidas sem que o correspondente número de soluções seja proferido. Entre as proferidas, não são poucas as que não pacificam o conflito e, às vezes, até o agravam. É sintomático o modo como se transformaram as liminares no processo civil e as prisões cautelares no processo penal.[4]

Evidentemente, contribuem para a existência desse acúmulo outras causas. Uma maior concentração de esforços na gestão das varas judiciais, uma distribuição de recursos financeiros dentro do sistema de justiça, que privilegie a melhoria da qualidade do serviço em detrimento das pretensões de ampliação salarial além do teto constitucionalmente previsto[5],

---

4. Certa vez, ainda jovem defensor público recém-empossado, trabalhando na terceira maior comarca do estado do Maranhão, fui despachar com uma juíza acerca da necessidade de julgamento célere de uma liminar que reputava ser um caso sensível e que merecia uma atenção especial. A juíza me noticiou haver naquela vara mais de novecentos pedidos de liminares "sensíveis" à frente do meu. Embora extremo, não parece ser isolado o caso dessa vara judicial. A própria criação do instituto "medida liminar", que se traduz juridicamente nas tutelas de urgência, é uma tentativa paliativa de remediar os efeitos de um direito carente de efetividade.
5. Um exemplo claro do que aqui afirmo pode ser encontrado na questão do pagamento do auxílio-moradia aos membros do sistema de justiça, mesmo para aqueles que já ganham o valor que corresponde ao limite máximo, constitucionalmente previsto, para o funcionalismo público. A destinação desse mesmo valor deveria responder à seguinte pergunta: de que modo, ao aplicar o recurso público, pode-se melhor prestar o serviço público judiciário? Seguramente, uma resposta sensata destinaria o valor à contração de assessores,

seriam suficientes para alterar significativamente esse quadro. Mudanças estruturais, porém, exigirão a tomada de novos rumos.

Uma pergunta, sobretudo das simples, carrega consigo duas faces interligadas. Numa delas está o reconhecimento da limitação de quem pergunta. Via de regra, a pergunta é formulada para ultrapassar um campo específico de ignorância que aquele que pergunta reconhece possuir. Na outra está um desejo, forte o suficiente para romper a inércia e expor a ignorância do que pergunta. Simultaneamente, humildade e ousadia se traduzem em coragem na busca sempre arriscada do desconhecido. Está nessa perspectiva a própria trajetória do conhecimento humano, da caverna de Platão ao questionamento de Descartes que fez surgir a ciência moderna.

Não raramente, como lembra Santos, referindo-se à postura de Rousseau diante da Academia de Dijon, é preciso ter coragem para formular perguntas simples. Aqui também é pertinente uma pergunta simples: existe uma demanda individual? Quando uma mãe busca o sistema de justiça para garantir o acesso a uma UTI neonatal para o seu pequeno, há aí uma demanda individual? Quando aquele que se diz proprietário da terra ingressa com uma ação judicial para retirar dela os indivíduos que a utilizam para se alimentar e morar, há aí uma demanda individual?

Hanna Arendt, resgatando e ressignificando o conceito aristotélico de "animal político", conclui que a condição humana fundamental reside no fato de que todas as nossas atividades são

---

de novos membros para carreira, ampliação do serviço, enfim, para um rumo diferente do que tem sido dado. A propósito, o pagamento ocorreu por vários anos por força de medida liminar.

condicionadas por vivermos juntos.[6] Realmente, tudo quanto produzimos como experiência humana, da riqueza à pobreza, da alegria à tristeza, fazemo-lo juntos. Se essa conclusão já possuía na segunda metade de século passado densidade filosófica e prática inegável, nos dias que atravessamos de expansão do tempo e do espaço pelos meios de comunicação e pela tecnologia, ela assume importância crucial e estratégica. Se vivemos juntos, a existência de uma demanda individual é, certamente, duvidosa.

Mesmo compreendendo o espaço e o tempo como duas dimensões sociais intrinsecamente ligadas, Santos (2011a, p. 193) privilegia na construção de sua teoria do direito as metáforas espaciais, daí recorrer principalmente à cartografia e à geografia. O instrumento por excelência da cartografia é o mapa. Trata-se de uma representação defeituosa da realidade. Uma representação perfeita da realidade somente seria possível se os pontos de marcação do mapa coincidissem com os da realidade. Se assim o fosse, o mapa não teria nenhuma utilidade.

A redução da realidade (distorção dela) ao mapa ocorre em razão da própria utilidade do mapa como instrumento de orientação. Essa redução não é aleatória; e segue procedimentos e instrumentos segundo os objetivos ou as necessidades que orientam a própria elaboração do mapa. O direito, enquanto espelho social, é também um mapa. Para Santos (2011a, p. 198):

> Os mapas são distorções reguladas da realidade, distorções organizadas de territórios que criam ilusões credíveis de correspondência. Imaginando a irrealidade de ilusões reais, convertemos correspondências ilusórias em orientação pragmática, confirmando a máxima de William James segundo a qual 'o importante é ser-se guiado' (James, 1969).

---

6. Em sentido semelhante, Cf. Bauman (2013).

A distorção da realidade nos mapas objetiva a orientação. Já no direito ela tem por fim a exclusividade e a miniaturização da demanda, que aqui designo de processo de individualização.[7] Trata-se de um procedimento pelo qual, ao ingressar no campo jurídico, a demanda perde sua complexidade, sua historicidade e sua natureza política. A demanda social transforma-se, juridicamente, em demanda individual e ganha um equivalente jurídico sob a forma de um direito material e instrumento processual pertinente. O caráter individual da demanda, portanto, não lhe é intrínseco. Ela não é natural e nem aprioristicamente individual. Quando muito, a demanda individualizada é um sintoma da existência de uma demanda social. É resultante, isso sim, de um processo de individualização que projeta para o indivíduo problemas socialmente produzidos, retira-lhe a necessária carga política e a torna terreno fértil para decisões. Estas, divorciadas da realidade e destituídas da necessária complexidade, no máximo garantirão segurança jurídica.

O reconhecimento de um processo de individualização das demandas sociais não deve conduzir à negação da utilidade de um equivalente jurídico, de direito material e processual, o que permite ao indivíduo reivindicar a efetivação de uma demanda social. Pensar o contrário poderia ser tão prejudicial quanto o sistema atual de absoluta prevalência da demanda, que é considerada equivocamente de individual. A própria complexidade da demanda e o necessário tempo para construção de soluções adequadas tornarão, em muitos casos,

7. Sob o referencial teórico do marxismo, Mascaro (2013, p. 40) afirma: "O Estado não processa o conflito social em termos de classe, mas pelo contrário, maneja por excelência a célula do indivíduo-cidadão, a contradição de classe se resolve nos termos restritos das demandas individuais".

imperiosa a existência de equivalentes jurídicos que impeçam a consolidação de danos.

Esse reconhecimento, porém, ao permitir a identificação de quais interesses presidem o processo de individualização da demanda, traz ao cenário das questões juridicamente relevantes fatores considerados premissas. Permite, também, como já alertou Agamben (2012), compreender que o direito está para a vida e não o contrário. Além disso, ele aponta para dois outros aspectos que têm constituído pontos cegos no fazer e no pensar o direito no Brasil. O primeiro deles é a insuficiência do que se convencionou chamar de direito coletivo.

De fato, o tempo relevou o enorme descompasso entre a demanda social construída e historicamente determinada e o modelo de individualização da demanda pelo direito. Em fins do século passado foram realizados os primeiros ensaios para criação do que se convencionou chamar de "direito coletivo", sobretudo com a criação dos equivalentes jurídicos materializados nas leis de ação popular (4.717/1965), ação civil pública (7.347/1985) e, principalmente, com a Constituição Federal (1988) e o Código de Defesa do Consumidor (1990). A solução alvitrada, especialmente por ainda estar presa e submissa à lógica liberal-individualista, constituiu mero remendo, relegado ao que se convencionou chamar, não por acaso e ilustrativamente, de microssistema processual de direito coletivo. Todavia, esse microssistema foi insuficiente para promover os impactos necessários no direito material e processual[8].

8. Mais recentemente, foram criados equivalentes jurídicos com finalidade de tornar mais eficiente o sistema de justiça. Um exemplo de equivalente jurídico que materializa uma expressão desse esforço pode ser encontrado no novo Código de Processo Civil. Há quem advogue se tratar de uma "evolução" do

Embora não se possa negar os avanços práticos dessa solução, há nela, pelo menos, dois equívocos. Um que lhe é inerente e que pode ser identificado no aspecto etimológico. A noção de uma demanda coletiva tem sentido estritamente numérico, quantitativo. A questão não é cerebrina, como talvez pareça. É uma questão de perspectiva. A própria definição jurídica, tanto na previsão legislativa quanto na doutrina, leva em consideração a possibilidade de alcance de determinado interesse a mais de um indivíduo. É preciso reconhecer que ela, além de atingir mais do que o indivíduo, é construída socialmente e historicamente determinada, fato indispensável inclusive para compreender quais fatores podem estar inviabilizando o seu ingresso adequado no campo jurídico e a sua satisfação. A proteção ao meio ambiente, por exemplo, perderá muito de sua complexidade e sentido social se for definida, juridicamente, como um direito coletivo tão somente pelo seu caráter transindividual, por atingir a um número indeterminado de pessoas, como se diz na dogmática do direito ambiental.

É essa perspectiva, divorciada da realidade, que tem permitido que temas tão sérios e graves, como reserva legal

direito em relação à natureza das demandas, postas à apreciação do sistema de justiça. Nele, há uma clara preocupação com a chamada "gestão" de "demandas repetitivas". As soluções alvitradas, por estarem voltadas à solução da demanda individual, tendem a constituir mero paliativo. A expressão "demandas repetitivas" não poderia ser mais metafórica. Para solucionar as demandas individuais repetitivas, isto é, as que se reproduzem aos montes Brasil à fora, a solução encontrada foi atribuir a um órgão jurisdicional a competência para julgá-las, todas em bloco, fixando uma "tese jurídica", a qual seria aplicada a todos os processos em tramitação nas instâncias inferiores e que tivessem como objeto de conhecimento a mesma questão de fato ou de direito, material ou processual. Quantitativamente e em termos estritamente temporais, os ganhos são incontestáveis. Temo, porém, haver necessidade de ir além.

ambiental nos imóveis rurais, sejam hoje tratados em razão de um equivalente jurídico, como título que possa ser negociado na bolsa de valores. Como afastar da compreensão dessa demanda o que significa a produção agroexportadora no Brasil, ao longo da história e, mais recentemente, sob a forma de agronegócio? Como tratar da degradação ambiental, para ficar só nesse exemplo, sem discutir a fundo os modelos de desenvolvimento e a própria necessidade de um "desenvolvimento"? As dificuldades encontradas pelo direito para sua efetivação podem ter aí parte de sua origem.

O segundo equívoco existente na proposta de um direito coletivo no Brasil reside na prevalência apriorística da demanda individualizada sobre a coletiva.[9] O problema, nesse caso, é de aplicação. Se se reconhece que as demandas são construídas socialmente e determinadas no devir histórico, e que ainda há utilidade circunstancial no uso da categoria demanda individualizada, a questão se desloca do campo da prevalência (demanda individual x demanda coletiva) para o da definição dos critérios, os quais tornarão necessária e útil a individualização da demanda socialmente construída.

Uma adequada definição desses critérios, parece-me constituir um desafio à efetividade do direito contemporâneo. Somente o percurso histórico demonstrará se eles se revelarão adequados. Sem que se pretenda aqui essa definição, há, pelo menos, três aspectos que nela devem ser observados. O primeiro refere-se ao fato de que a demanda individualizada não é capaz de encerrar a complexidade da demanda social e

---

9. É sintomático que no sítio eletrônico do TJ-MA, na parte destinada à pesquisa jurisprudencial, não conste opção que permita distinguir conflito de natureza coletiva de individual.

nem de solucioná-la. O segundo corresponde ao processo de individualização, que não pode comprometer a própria solução da demanda social. O terceiro consiste nas demandas sociais, como parece mesmo intuitivo, e nos seus equivalentes individualizados, ligados à manutenção e promoção da vida digna, os quais devem ter prevalência sobre as demais.[10-11]

A demanda pela terra é, mais uma vez, um exemplo útil. Reduzida e individualizada, juridicamente tratada pela equivalente ação possessória, ainda que a solução dessa demanda alvitrada pelo sistema de justiça, num caso concreto, seja no sentido de prevalência do uso social em detrimento do acúmulo ocioso, ela jamais açambarcará a complexidade da demanda social pela terra numa realidade fundiária, historicamente marcada por tantas carências e injustiças, como é o caso da brasileira.

A lógica-liberal individualista assegura também a ocultação de uma outra demanda, que configura o segundo ponto cego acima mencionado. Suas raízes profundas podem ser encontradas na formação social brasileira. Por quatro séculos, a sociedade brasileira se estruturou sobre os pilares da hierarquia e da violência. Aos índios e escravizados, negou-se tudo, inclusive a condição humana. Mesmo entre os considerados livres, a "igualdade" estava condicionada aos laços de sangue e ao domínio da propriedade, especialmente da terra. Por outro lado, os processos políticos que resultaram na chamada independência do Brasil e na proclamação da república eram

10. Na *ética da alteridade* há interessante critério de definição do caráter legítimo de uma necessidade: "uma necessidade pode ser reconhecida como legítima se sua satisfação não inclui a utilização de outra pessoa como mero meio". (WOLKMER, 2012, p. 262).

11. Para um aprofundamento do significado de necessidades humanas básicas, Cf. Gonçalves (2011, p. 167 e segs.).

provenientes das elites. Via de regra, não contaram nem com a adesão e nem com a participação daqueles a quem se negava a própria condição humana, os quais constituíam a maior parte da população brasileira.

Ademais, a universalização formal dos direitos, principiada pela tardia abolição da escravidão, logo se deparou com a implantação da lógica liberal-individualista, bem representada, no plano econômico, pelo processo de industrialização vivenciado no país, sobretudo durante a era Vargas. Numa sociedade que já havia naturalizado a hierarquia pela violência, essa lógica sepultou, antes mesmo de seu nascimento, qualquer aspiração de uma vivência comunitária. A forma negligente e pejorativa como são tratados o espaço e as políticas públicas no Brasil é apenas um dos efeitos desse processo longo e trágico. Fazem parte também desse cenário os processos de privatização da saúde, da educação formal, o incentivo ao transporte privado em detrimento do público, a substituição da praça pública pelos *shopping centers*, entre outros.

Há, portanto, uma demanda histórica e reprimida por uma vivência comunitária. Ao apostar suas energias na centralidade do indivíduo e da demanda individualizada, o direito se encontra na contramão dessa demanda. O mais próximo que ele chegou dela foi com a construção do pálido equivalente jurídico da cidadania, quase sempre reduzido ao exercício do voto e à participação no processo eleitoral. Não é de se estranhar, pois, a apatia socialmente sentida em relação à política e ao seu significado em nosso país.

Diante disso, é preciso canalizar as energias para outro rumo. A vivência comunitária tanto constitui uma prática social quanto pode constituir equivalentes jurídicos, de direito material e processual. No sentido aqui proposto, ela não nega o indivíduo, muito menos as diversas relações de hierarquia e de poder que existem na sociedade. Permite, no entanto, partindo da conclusão trazida por Arendt (2005) de que vivemos juntos, pelo exercício da reciprocidade, a construção social de soluções que auxiliem no combate à hierarquia e à assimetria nas relações sociais.

6.3 Abertura de novos caminhos

Sustentei acima que a superação da dicotomia fato-norma pode conduzir ao reconhecimento de demandas sociais historicamente reprimidas e negligenciadas. Em seguida, defendi que, além desse reconhecimento, é fundamental que essas demandas sejam assimiladas pelo direito e recebam nele seus respectivos equivalentes jurídicos, com a carga de complexidade e historicidade com que se manifestam na realidade social. Embora a demanda individualizada possa se revelar útil em determinadas circunstâncias, o percurso histórico realizado até aqui deixou claro seus limites, bem como a necessidade de superação de sua centralidade no campo jurídico. Esse processo possibilitará que o direito amplie seus horizontes e que demandas sociais de grupos marginalizados, excluídos ou sob alguma condição de vulnerabilidade, possam emergir. Importa agora tratar de como o direito pode identificar essas demandas, transcendendo o que tem, em regra, constituído o horizonte do elitismo jurídico hegemônico.

Na ciência moderna, o conhecimento seguiu dois percursos distintos. O primeiro é uma trajetória do caos (ignorância) à ordem (saber). Ele é chamado conhecimento-regulação. No paradigma da modernidade, esse é o caminho seguro para o progresso e para o desenvolvimento. No segundo, o conhecimento é a trajetória de um ponto de ignorância, designado colonialismo (negação), a um ponto de saber, a solidariedade (reciprocidade); é o conhecimento-emancipação.

O conhecimento-regulação é a forma de conhecimento dominante no direito moderno. Sua preocupação essencial é promover a ordem que se traduz juridicamente sob a forma de segurança jurídica. A ordem, assim assegurada pelo direito, constituiria a condição básica para o desenvolvimento do capitalismo, confundido discursivamente com o próprio progresso humano.

A ordem é a expressão da universalização de interesses e visões de mundo específicos; é a expressão do que Bourdieu (2012, p. 237) chamou de etnocentrismo dominante. A centralidade do conhecimento-regulação reduziu as energias emancipatórias do próprio direito à regulação com vistas à ordem, reduziu a justiça à segurança jurídica.

A incapacidade de o paradigma normativista apresentar respostas adequadas às demandas estruturais de elevada complexidade é expressão concreta dessa redução, no que identifico o caráter deficitário do próprio direito moderno. Esse relativo abandono do conhecimento-emancipação, levado a cabo pelo paradigma normativista, tornou a aplicação do direito fonte viva de colonialismo (elitismo), de negação do outro.

Se o poder, como sustenta Santos (2011a, p. 266), é uma "relação social regulada por uma troca desigual", ele está, de um lado, imbricado com a noção de desigualdade e, de outro, presente em espaços sociais que transcendem, em muito, a perspectiva estreita do exercício da cidadania na esfera estatal.[12]

---

12. Aliás, a própria noção de cidadania, como bem sustenta Ferrajoli (2007, p. 58), precisa ser revisitada e, possivelmente, revista, já que é redutora de direitos da humanidade ao campo dos vínculos político-jurídicos com os Estados. Segun-

A desigualdade não se encapsula na distribuição desigual dos bens que permitem a vida material, ainda que, nas sociedades capitalistas, essa talvez seja a dimensão mais evidente. Ao contrário, ela permeia os diversos espaços sociais[13] e abrange praticamente todas as diferenças sociais.

Adoto aqui, portanto, a perspectiva de que as relações sociais (relações humanas) e a interação humana com o restante da natureza (interação) assumem (podem assumir), nos seus mais diversos matizes, caráter democrático ou elitista. Quando pautadas pela reciprocidade, essas relações, marcadas pela diferença, podem conduzir à igualdade e tendem a ser democráticas; quando pautadas pela negação do outro (colonialismo), tendem a ser elitistas e a diferença se converte em desigualdade.

Assim, elas tanto funcionam *abrindo novos caminhos* quanto *fixando fronteiras* (SANTOS, 2011a). A democratização da relação, pela reciprocidade, abre novos caminhos; o elitismo da relação, pela negação do outro, fixa fronteiras.

Nessa perspectiva, elitismo e democracia são mutuamente excludentes, embora dialeticamente relacionados. Quanto mais democrático é o espaço, tanto menos elitista o é; quanto mais elitista, maior a dificuldade de transcendência e de percepção/

---

do esse autor, "levar a sério aqueles valores, ou seja, os dos direitos humanos proclamados pelas cartas constitucionais, significa, consequentemente, ter a coragem de desancorá-los da cidadania, ou seja, desvencilha-los do último privilégio de *status* que permaneceu direito moderno. E isso significa reconhecer seu caráter supra-estatal, garanti-los não apenas dentro, mas também fora e contra todos os Estados, a assim dar um fim a esse grande *apartheid* que exclui do seu aproveitamento a maioria da humanidade".

13. Em Santos (2011a), são descritos os seguintes espaços de sociabilidade: espaço doméstico, espaço da produção, espaço do mercado, espaço da comunidade, espaço da cidadania, espaço mundial.

reconhecimento do outro (reciprocidade/solidariedade), menos democrático o é (colonialista/elitista). São dialeticamente relacionados, porque qualquer intervenção num afetará necessária e opostamente o outro.

Em sentido semelhante, Ferrajoli (2007) trata da soberania no mundo moderno. Ela, como expressão da criação de fronteiras do Estado moderno, é a antítese do direito no plano internacional e o que tem permitido a redução dos direitos da humanidade ao estreito espaço da cidadania.

> Aqueles direitos [direitos humanos] foram os primeiros a serem firmados como 'naturais', fornecendo, incialmente ao jusnaturalismo e depois ao constitucionalismo, o paradigma universalista dos direitos fundamentais, reconhecidos (com exceção dos direitos políticos) a todos os seres humanos, e não apenas aos cidadãos, pela Declaração de 1789 e por todas as constituições sucessivas. No tempo em que forma prometidos a todos, aqueles direitos não acarretavam custo algum para nossos países, uma vez que era impensável que os homens e mulheres do Terceiro Mundo pudessem chegar à Europa e invadir o resto do mundo, por séculos a fio, com suas conquistas e promessas, não podemos fazer o caminho inverno – isto é, transformar os direitos do homem em direitos só do cidadão –, sem renegar aquele universalismo dos princípios sobre o qual se fundamenta a credibilidade de nossas próprias democracias. (FERRAJOLI, 2007, p. 58-59).

Embora seja de difícil constatação na realidade concreta a existência de espaços de sociabilidade puramente democráticos ou puramente elitistas, parece certo que, a depender das relações sociais subjacentes, é possível se avançar para a democracia ou recrudescer para o elitismo.

A solidariedade, então, é um caminho que pode conduzir à democratização do direito. Ela tanto significa uma prática social quanto uma forma de conhecimento. É ela que viabiliza e dá vazão à demanda social pela vivência comunitária de que tratei acima.[14] Enquanto prática social, ela deve ser instrumento de democratização em todos os espaços de relações sociais, promovendo e fortalecendo a vivência comunitária.

Também, nesse sentido, a abertura de novos caminhos para a democratização do direito passa pelo reconhecimento de diversos espaços de relações sociais e que ultrapassam a dicotomia, já consagrada na teoria tradicional do direito: Estado/sociedade civil. Tratei dela ao analisar os impactos da lógica liberal-individualista no campo do direito. De fato, ela reduziu o espaço da política, relegando-o ao campo da cidadania, e sacramentou no direito a existência de uma outra dicotomia, definida pelo binômio "interesse público--interesse privado".

Uma proposta consistente de superação dessa dicotomia está na cartografia simbólica do direito, desenhada por Santos. O autor aponta alguns pressupostos básicos para o uso teórico de uma cartografia simbólica do direito. O primeiro reside na admissão de um conceito que envolva o pluralismo jurídico. Trata-se da existência de múltiplos espaços jurídicos, sobrepostos, articulados e interpenetrados, aos quais se submetem e são seus construtores os indivíduos e grupos sociais.

14. Há uma aproximação da proposta aqui suscitada com a ética da alteridade desenvolvida por autores latino-americanos. Wolkmer (2012), afirma que o conteúdo constitutivo da ética da alteridade (justiça, solidariedade, autonomia, emancipação) envolve duas condições essenciais. A primeira consiste no fato de que ela se inspira metodologicamente numa práxis concreta; a segunda, a de que envolve categorias advindas da cultura teológica, filosófica e sociopolítica latino-americanas.

> "Não se trata do pluralismo jurídico estudado e teorizado pela antropologia jurídica, ou seja, da coexistência, no mesmo espaço geo-político, de duas ou mais ordens jurídicas autônomas e geograficamente segregadas", como lembra Santos (2011a, p. 221).

Em verdade, a perspectiva de um pluralismo jurídico aqui adotada assemelha-se à proposta da circularidade social do poder existente em Foucault. Para esse autor, a exclusividade do poder, ao qual se outorga o Estado, constitui mera pretensão (autoafirmação); já para Santos (2011a), o fato da ordem jurídica estatal negar outras dimensões do direito que não sejam por ela reguladas, não impede a existência de espaços jurídicos próprios, inter-relacionados e interpenetrados.[15]

O segundo pressuposto corresponde à construção de uma análise estrutural e, simultaneamente, fenomênica. É estrutural porque o direito constrói espaços jurídicos próprios; é fenomênica porque esses espaços estão inter-relacionados. Logo,

---

15. Perspectiva aqui adotada, porém, distingue-se da teoria do poder em Foucault em dois aspectos principais: o caráter demasiado fragmentário e disperso do poder. Segundo ele [Foucault], "a resistência ao poder é a forma suprema de exercício do poder. Conceder poder às pessoas é sempre uma forma de intensificar a sua participação nos mecanismos de subjetividade-sujeição que as subjugam. Assim, para Foucault, dar poder significa, em última análise, desarmar. Aplicado ao meu quadro analítico, isto significa pressupor que toda a luta pela emancipação não é mais que uma afirmação de vontade de regulação". O segundo aspecto reside na relação entre poder jurídico do Estado e poder disciplinar. Conforme Santos (2011a, p. 53), "Foucault acentua corretamente o predomínio do poder disciplinar, que corresponde, na minha estrutura analítica, à centralidade da ciência na gestão reconstrutiva dos excessos e défices da modernidade. Mas está errado quando afirma que o poder disciplinar e o poder jurídico são incompatíveis. Pelo contrário, a autonomia entre direito e ciência é fruto da transformação isomórfica do primeiro num alter ego da segunda".

> "Trata-se de um processo altamente dinâmico porque os diferentes espaços jurídicos não são sincrônicos e por isso também as misturas de códigos de escalas, de projeção ou de simbolização são sempre desiguais e instáveis" (SANTOS, 2011a, p. 221).

Os espaços jurídicos pluralizam o centro, posto que cada espaço elege seu super-fato, sua centralidade, muito embora (e isso é reconhecido por Santos), o direito estatal, no imaginário social, ainda seja central. Assentados esses pressupostos, Santos (2011a, p. 272) constrói um mapa de "estrutura-ação das sociedades capitalistas no sistema mundial". O espaço social – tridimensional em Bourdieu (2012) –, é, em Santos (2011a), hexagonal e alia uma análise estrutural à retórica. As estruturas são domínios tópicos, isto é,

> Constituem, ao mesmo tempo, relações sociais de poder e de direito, e relações sociais de conhecimento que geram sensos comuns circunscritos e regionais, por meio dos quais o exercício do poder e o exercício do direito são 'naturalizados' como discursos da verdade e práticas necessárias, ou seja, como linhas de ação (e de não-ação) sem alternativas razoáveis. [...] Sem serem necessariamente lugares-comuns, as estruturas são locais de produção de lugares comuns (*topoi*) e de senso comum. (SANTOS, 2011a, p. 259-263).

Há nas sociedades capitalistas três tipos de espaço-ação constituídos segundo a forma de constelações articuladas e inter-relacionadas: constelações políticas, constelações jurídicas e constelações epistemológicas. Cada uma delas é constituída por seis modos de produção, que são, respectivamente, do poder, do direito e do conhecimento. São eles: espaço doméstico, espaço da produção, espaço do mercado, espaço da comunidade, espaço da cidadania e espaço mundial.

Em nenhum deles, há exclusividade do poder, do direito ou do conhecimento. Em todos, há múltiplas dimensões de desigualdade e de opressão e, por isso, mesmo comportam lutas emancipatórias setoriais e relacionadas.

A desigualdade econômica na exploração capitalista, muito bem caracterizada e combatida pelo marxismo, é apenas uma das faces da desigualdade[16]. Daí Santos (2011a, p. 269) afirmar que não há emancipação em si, mas relações emancipatórias constituídas de capacitação e distribuição, o que consequentemente são relações de construção da igualdade (emancipação enquanto justiça capacitante).

> Visto que, em cada campo social concreto, os espaços estruturais operam sempre em constelações, cada dimensão de cada um dos espaços estruturais está presente em qualquer outra das dimensões correspondentes de qualquer um dos outros espaços estruturais. Por exemplo, a forma privilegiada de prática social no espaço doméstico é a diferença sexual e geracional, mas isto não significa – como as teorias feministas mostraram convicentemente – que o sexo e geração estejam confinados ao espaço doméstico. Pelo contrário, e para tomar o exemplo da diferença sexual, o sexo combina-se especificamente com a classe no espaço da produção, com o cliente-consumidor no espaço do mercado, com a raça, a etnicidade ou a religião no espaço da comunidade, com a cidadania no espaço da cidadania e com a nação e as práticas do Estado-nação no espaço mundial. O mesmo pode ser dito de qualquer das outras dimensões. (SANTOS, 2011a, p. 278).

A modernidade trazia consigo a pretensão de provocar emancipação em todos esses espaços estruturais. À medida que capitalismo reduziu, por meio da ciência e do direito, essas energias emancipatórias aos objetivos de sua expansão e

16. Por outras vias, Habermas (1968, p. 76) afirma que a luta de classes "retrocede perante outros conflitos que, sem dúvida, são igualmente condicionados pelo modo de produção, mas que já não podem assumir a forma de conflitos de classe".

desenvolvimento, muitas das exigências democráticas radicais da modernidade não apenas se revelaram inviáveis, como foram, em certos espaços, convertidas em relações ainda mais despóticas. Deriva daí a aposta que se realizou no espaço da cidadania como mola propulsora da mudança (normal) e condensadora das energias emancipatórias.

A solidariedade, como dito, é também uma forma de conhecimento. As implicações de sua adoção no campo jurídico são vastas e profundas, alcançando desde a formação do jurista, passando pela produção científica no campo jurídico, até a superação da concepção formal de processo.

No lugar da formação, ela deve conduzir a uma mudança drástica no que tem constituído o "objeto" de análise do direito. O esforço cognitivo, em superação à centralidade da norma, deve estar concentrado, por um lado, na identificação de demandas sociais, historicamente negligenciadas, cuja não satisfação tem contribuído para a perpetuação da desigualdade em todas as suas formas e em cada um dos espaços estruturais acima mencionados; por outro, na construção de equivalentes jurídicos que permitam a assimilação do direito da complexidade da demanda e do seu sentido histórico e político.

Uma jornada desse porte não se faz somente pelo ensino, muito embora seja esse o ponto de partida. O (re)encontro do direito com a vida passa por um investimento sério e duradouro, por uma formação que contemple a pesquisa. Ela poderá permitir ao estudante em formação enveredar por caminhos que transponham as fronteiras do universo de interesses e de relações das elites.

Porém, como identificar essas demandas sem ir além da fronteira? Essa identificação também se efetiva pelo investimento na extensão universitária, como forma permanente de diálogo e de prestação de serviço, além dos muros da universidade. É a extensão que possibilitará o ajuste do percurso da pesquisa, calibrando o olhar e definindo ajustes.

No campo da ciência jurídica, por sua vez, especialmente no que se convencionou chamar de doutrina, a repetição e a reprodução acríticas devem ceder lugar à produção investigativa, a qual permita a escavação profunda de demandas sociais que têm constituído pontos cegos no direito. Como já salientou Streck, ela também deve cumprir o seu papel de norte na construção do pensamento jurídico, e não se curvar a um mero reprodutor do ponto de vista da jurisprudência. Os chamados "manuais" e "cursos" deste ou daquele direito, em muitos casos meros repositórios de um lugar-comum, devem ceder lugar à produção científica que resulte em uma investigação direcionada à superação da desigualdade, em todas as suas expressões e espaços de relações sociais.

Por fim, a solidariedade ainda deve produzir impactos no processo. Somente uma forte carga da lógica liberal-individualista pôde transformar o processo num campo de batalha, a audiência num espaço de conflito e a decisão final de um terceiro desinteressado (juiz) na principal forma de solução das demandas.[17] Expressões como "paridade de armas" e "sucumbência", tão presentes no imaginário dos juristas, especialmente dos processualistas, bem simbolizam o que afirmo.

Em contrapartida, a conformação do direito com a verdade processual ainda expressa uma das faces do colonialismo que o

---

17. Os primeiros sinais de mudança no processo podem ser sentidos na orientação que informou a elaboração do Código de Processo Civil em vigor.

caracteriza. O sistema de provas, tal como configurado, ignora que, para os brasileiros com renda mensal de até três salários mínimos, a assistência jurídica deve ser integral e gratuita, configurando-se em uma promessa não cumprida. Ignora também que, entre os fatos e a prova, o custo do transporte é a barreira mais difícil de ser superada, muitas vezes e por razões diversas, do que a construção de uma tese jurídica.

A solidariedade nesse campo não afastará, como não poderia mesmo, a existência de pontos de vista diferentes e, eventualmente, contraditórios. No entanto, mudará radicalmente a perspectiva do que significa o processo e de como deve ser construída a solução que permita a convivência entre pontos de vista diferentes. A própria perda de centralidade da demanda individualizada contribuirá para a perspectiva de inserir a reciprocidade como uma prática processual definitiva e segura. Outrossim, poderá significar uma mudança na compreensão do que significa a verdade no direito. A prova processual deixa de ser uma fronteira para constituir uma ponte. A forma do processo perde força em favor da gravidade das questões por meio da discussão no direito.

Considerando todos esses aspectos discutidos neste trabalho, vê-se que o colonialismo/elitismo se confirma como uma fronteira. Para superá-lo, proponho um des-pensar do direito. A expressão é de Santos (2011a) e, segundo ele, pode ter dois sentidos: um de natureza destrutiva e disciplinar, relacionada à identificação do direito perante as demais ciências sociais; outro de natureza construtiva e interdisciplinar, destinada à construção de uma nova síntese cultural. O primeiro permeia todo este trabalho, na forma de diálogo com a história e com a sociologia, na busca da reconstrução jurídica do conflito e dos institutos que lhes são correlatos.

No entanto, é o segundo que me detém neste momento. Há, para Santos (2011a), três áreas em que esse des-pensar se faz mais urgente. Uma delas assume particular relevância para o presente trabalho e pode ser definida em utopia jurídica e pragmatismo jurídico. A utopia jurídica, num contexto capitalista, resume-se a um progresso/desenvolvimento de um futuro capitalista. As mudanças são fragmentárias e normais, todas chanceladas pelo direito estatal (padrão da mudança normal). Fragmentárias, porque são incapazes de subverter a lógica do sistema. Normais, porque são não revolucionárias. A utopia tornou-se segurança, a segurança jurídica. Esta, por sua vez, é a perpetuação no presente e no futuro da sociedade burguesa. Radica exatamente na relação entre direito e revolução, que envolve um outro padrão de mudança social para transcender a normalidade regulada pelo direito estatal (SANTOS, 2011a).

Embora reconheça o caráter antagônico de ambos – e isso já bem o demonstrou Agamben (2004) –, Santos (2011a) sustenta que é por meio da tensão entre direito e revolução que se traduz, juridicamente, a tensão entre regulação e emancipação. Ao fazê-lo, ele pretende resgatar do direito o seu viés revolucionário, em grande parte esquecido/negligenciado por uma certa tradição marxista, que o identificava como simples mecanismo de manutenção do *status quo* burguês. O seu caráter revolucionário está assentado no conhecimento-emancipação.

Nesse sentido, o des-pensar o direito é localizar o conhecimento-emancipação como forma preponderante de conhecimento jurídico (doutrina e aplicação do direito). O que o viabiliza é a solidariedade tanto como forma de saber quanto como forma de prática social emancipatória. É a solidariedade, enquanto reconhecimento do outro, pela reciprocidade, que permite a abertura de novos caminhos, que constitui um exercício o presente trabalho.

Em outras palavras, é preciso, conforme Santos (2009), afirmar a necessidade de uma copresença radical. O paradigma normativista, ao negar interesses e direitos que não são os dominantes, nega a existência da alteridade. Nega-se também a aprender com ela e a partir dela (CARVALHO, 2009).

7. Conclusão

O ambicioso paradigma sociocultural da modernidade trazia consigo as promessas de superação dos entraves que impediam a implantação do reino da liberdade, da igualdade e da fraternidade no mundo ocidental. O capitalismo, entretanto, reduziu e canalizou essas promessas, em seu viés emancipatório, ao seu próprio desenvolvimento. A emancipação passaria a estar condicionada ao lucro.

Sustentei, com base na teoria de Santos, que dois fatores foram fundamentais para esse processo: a ciência e o direito. Acrescentei ainda um terceiro: o Estado. Tratei da ciência e do Estado apenas no que interessava para compreender de que modo o direito pôde cumprir esse papel e quais as consequências de seu cumprimento.

A ciência moderna forneceu um modelo de conhecimento considerado verdadeiro, e que, por melhor atender aos interesses de desenvolvimento do capital, logo se tornou hegemônico: o conhecimento-regulação. Por meio dele, seria possível seguir uma trajetória que iria de um ponto de ignorância, o caos, a um ponto de saber, a ordem. Em seu cerne, estava a perspectiva de um método que fosse capaz de produzir um conhecimento verdadeiro e a relação entre sujeito e objeto. Outrossim, para que o conhecimento fosse considerado verdadeiro, o método deveria neutralizar o sujeito epistêmico, tornando-o imparcial e afastado do objeto cognoscível.

O Estado, por outro lado, estruturou-se a partir do capital e de seus interesses. Dialoguei com a teoria marxista, sobretudo com as produções mais recentes, para demonstrar que o Estado desempenha papel central na manutenção e no desenvolvimento das relações capitalistas de produção. Ao mesmo tempo, assume para si, paradoxalmente, pelo menos no plano discursivo, a tarefa de erradicar os efeitos deficitários decorrentes dessas mesmas relações. Não obstante, o Estado se projetou como terceiro desinteressado acima dos interesses e conflitos existentes no que se convencionou chamar de sociedade civil.

Estatizado e científico, o direito desempenhou papel fundamental nesse processo. Por meio dele, o capitalismo obteve a energia regulatória para garantir a ordem e a segurança necessárias ao seu progresso. Ao fazê-lo, o direito converteu justiça em segurança, ganhou em relevância política e social, mas perdeu em capacidade de dar respostas efetivas aos problemas de ordem macroestrutural, no que reside e identifico seu caráter deficitário e antidemocrático.

No Brasil, o direito está assentado hegemonicamente na teoria normativista de matriz kelseniana. Essa teoria é a expressão no campo jurídico da pretensão de aproximação das ciências ditas naturais com as sociais, e que teve no positivismo de Comte uma versão emblemática. Contribui para a sua hegemonia a forma como estão estruturados os cursos de direito no país. Por isso, destaquei que os problemas alcançam diversos níveis, que vão desde a inexistência de uma cultura forte de valorização da atividade do magistério à consolidação de uma formação parcial, via de regra reduzida à atividade de ensino, sem qualquer contato com a pesquisa e extensão.

Aliei a esse quadro uma influência significativa dos interesses de mercado, considerando a própria estrutura da grade curricular do curso de direito, a qual pouco revela em termos de compromisso com as demandas sociais históricas de nossa realidade social. Esses ingredientes tornam a faculdade de direito um terreno fértil para o cultivo de profissionais que assimilam resignados o paradigma normativista como dogma.

Esse paradigma está assentado em três pilares: o normativismo, o individualismo e o elitismo jurídico. Foi o responsável por construir uma dogmática abstrata e formal, na qual a análise jurídica está centrada na norma e nos mecanismos cognitivos de subsunção. Igualmente, tende a privilegiar mecanismos de segurança em detrimento dos de justiça.

No campo jurídico, ele reproduz a mesma relação sujeito e objeto que informa a construção do conhecimento na ciência moderna. O sujeito neutro e imparcial conhecerá o objeto posto à sua apreciação, aplicando pelo encaixe os fatos à norma.

O individualismo, típico da lógica de acumulação capitalista, impregnou o pensar e o fazer direito no Brasil, como aliás o fez em relação à vida em geral. Essa lógica informou a estruturação do sistema de justiça, voltado para uma produção massiva de soluções (topois) individuais e em série. Informou também os institutos jurídicos e seus efeitos. Entre estes, destaquei a propriedade privada, como poder absoluto e exclusivo do titular sobre a coisa.

Outro ponto a destacar é o diálogo constante e necessário entre o direito e outros ramos do conhecimento, em especial a história e a sociologia, que busquei exercer neste trabalho.

Isso permitiu concluir que, sob o mesmo signo, a "propriedade privada", foram absorvidos dois diferentes conceitos: apropriação-trabalho e propriedade-mercadoria. Naquele, a relação humana com a terra se efetiva segundo as necessidades de quem nela trabalha; neste, a relação se processa a partir dos interesses da acumulação capitalista.

Ao proteger genericamente a propriedade da demanda possessória, sem promover a distinção aqui sustentada, o paradigma normativista privilegia a acumulação e reforça a desigualdade que marca o acesso aos bens que permitem a vida digna. Além disso, propus o resgate do conceito de função social, tal como compreendido por São Tomaz de Aquino, em complemento à noção de apropriação-trabalho, como forma essencial de relação humana com a terra, a qual deve ser protegida e privilegiada pelo direito.

Ainda acerca do individualismo, sustentei que o paradigma normativista, impregnado pela lógica de acumulação capitalista, atribui ao conflito pela terra um caráter privado, inerente aos riscos da vida em sociedade. O Estado, como terceiro neutro e imparcial em relação ao conflito, deveria, quando muito, julgar o litígio entre as partes igualmente autônomas e capazes, por meio da sentença judicial.

O elitismo, por sua, vez, distanciou o direito de quem mais dele precisa. Esse distanciamento impediu que as necessidades, anseios e mesmo direitos daqueles que não integram as elites sejam drenados para o direito e encontrem nele o seu equivalente jurídico, sob a forma de institutos de direito material e instrumentos processuais. Localizei o elitismo tanto nas dificuldades de acesso ao direito quanto nas de acesso à justiça. No primeiro, demonstrei que, historicamente, e não apenas no Brasil, o direito tem sido pensado, produzido e aplicado por aqueles que na sociedade ocupam o lugar da elite. Esse fato tende a gerar aquilo que Bourdieu (2012, p. 242) chama de cumplicidade tácita, isto é, é muito mais difícil para quem o integra transcender os interesses que compõem o seu próprio e estreito universo.

O elitismo assume, portanto, a forma de uma fronteira. Ela separa os que podem e os que não podem ter acesso ao direito e à justiça. É também essa fronteira que impede a percepção, pelo paradigma normativista, de que a concepção de justiça formal, segundo as provas livremente produzidas no processo pelas partes – e em seu interesse –, reclama a existência de "sujeito de direitos" suficientemente conscientes de seus direitos, da lesão sofrida em toda a sua complexidade e extensão e, mais ainda, da existência de profissional suficientemente capacitado em transmitir, por meio da intrincada linguagem jurídica, sua pretensão. Num país com tão elevados índices de pobreza e de desigualdade, e que apenas há pouco mais de um século aboliu a escravidão, a existência desse "sujeito de direitos" chega a ser uma ironia.

Além disso, numa realidade em que a Defensoria Pública, órgão constitucionalmente destinado à assistência jurídica integral dos necessitados (art. 5º, LXXIV da CF), é uma promessa constitucional nunca assaz cumprida, a existência desse profissional é tanto mais difícil quanto mais se desce na hierarquia social. Paradoxalmente, tanto mais necessária ela o é. Logo, a igualdade no processo judicial é, tão somente, formal.

Assim concebido, o processo constitui uma fronteira que tende a separar direito e vida. A porta – que para muitos tem significado estreita janela – que realiza esse intercâmbio entre os dois lados da fronteira é a prova processual. Só há fato e vida no processo quando o fato se converte em prova. A inexistência da prova processual e o pressuposto formal de que ela constitui ônus do "sujeito de direito", plenamente consciente, e de seu representante têm constituído álibi e fundamento considerado suficiente para negar uma cognição mais ampla e profunda acerca do conflito, distanciando o direito da vida.

Cada um desses três pilares constitui uma fronteira. Nesse caso, a democratização do direito passa pela superação de todos eles. Contra o normativismo, demonstrei que o que se convencionou chamar de norma não é considerado menos fato social do que qualquer outro, o que revela a absoluta imprestabilidade do uso da dicotomia fato-norma, que tanto esforço cognitivo e tempo já consumiu dos juristas.

Contudo, não se trata, como afirmei, apenas de inserir os fatos na análise jurídica. Trata-se de compreender que a realidade social, especialmente aquela que possui uma formação com a nossa, está impregnada de demandas, socialmente construídas e historicamente determinadas, muitas das quais não ingressam no horizonte elitista do universo jurídico hegemônico. Além disso, entre as que ingressam, nem sempre recebem no campo do direito os equivalentes que lhes preservem a carga de complexidade com que se manifestam na realidade social.

Em contrapartida, as demandas ligadas aos interesses dominantes encontram ressonância mais ágil e efetiva. Um caminho para a democratização do direito, nesse caso, pode estar na identificação das demandas sociais, que não estejam ligadas a interesses hegemônicos, bem como dos fatores que têm impedido que elas sejam adequadamente assimiladas pelo direito e que nele tenham equivalentes jurídicos, materiais e processuais, pertinentes.

Em relação ao individualismo, amparei-me na definição da condição humana feita por Hanna Arendt (2005) para sustentar que é certamente duvidosa a existência de uma demanda individual, como se esforça por fazer crer a teoria normativista tradicional. Em verdade, o que há é um processo de individualização pelo direito da demanda socialmente construída. A complexidade da demanda e seus vínculos histórico-sociais são reduzidos à esfera de atuação do sujeito, num processo que constitui uma expressão no campo jurídico da hegemonia da lógica liberal-individualista que projeta para o indivíduo a solução de problemas socialmente construídos, privatizando, por assim dizer, a própria vida e escoimando do campo jurídico o caráter político dos conflitos.

O volume sempre crescente e de gestão cada vez mais difícil das demandas individualizadas é apenas um dos sintomas de um direito que não evoluiu para uma compreensão mais profunda acerca das demandas e de seu próprio papel. O descompasso entre a vida pujante de demandas sociais graves e o direito atado à demanda individualizada assumiu níveis insuportáveis, em particular no final do século passado, quando surgiram as primeiras iniciativas voltadas ao reconhecimento de direitos que transcendam a perspectiva privatista do sujeito de direitos. Porém, esse reconhecimento, embora louvável, ainda está preso à lógica-liberal individualista. Ele restou localizado e encapsulado sob o emblemático codinome *microssistema processual de direito coletivo*. A própria nomenclatura, *direito coletivo*, releva a influência da perspectiva quantitativa.

Em consequência, o reconhecimento da existência de um processo de individualização das demandas não deve conduzir à negação da utilidade do uso da demanda individualizada. Ele, porém, desloca a questão da dicotomia demanda individual e demanda coletiva para o campo da definição dos critérios que devem presidir o processo de individualização.

Essa definição é um desafio à efetividade do direito contemporâneo. Somente o percurso histórico demonstrará se eles se revelarão adequados. Propus, então, três aspectos que nela devem ser observados. O primeiro consiste no fato de que a demanda individualizada não é capaz de encerrar a complexidade da demanda social e nem de solucioná-la; o segundo de que o processo de individualização não pode comprometer a própria solução da demanda social; o terceiro o de que as demandas sociais, como parece mesmo intuitivo, assim como seus equivalentes individualizados, ligadas à manutenção e promoção da vida digna, devem ter prevalência sobre as demais.

Na prática, o individualismo tem silenciado muitas demandas estruturais. Uma dessas, bastante peculiar à realidade brasileira, é a que se pode traduzir na perspectiva da vivência comunitária. Ela está na matriz de uma formação social de negação e de violência, que alijou, historicamente, os processos decisórios de significativa parte de nosso povo.

Desse modo, utilizei neste trabalho e propus uma categoria, extraída da obra de Santos, que pode ser instrumento de viabilização da vivência comunitária. Trata-se da solidariedade. Ela tanto é uma prática social quanto uma forma de conhecimento. Como prática social, ela pressupõe a reciprocidade e deve produzir impactos em todos os espaços estruturais de relações sociais. Como forma de conhecimento, ela deve promover impactos no direito que vão do direito material ao processual, dos bancos das faculdades às mesas de audiência.

O direito, como relação de poder que é, tanto pode atuar *fixando fronteiras* como *abrindo novos caminhos*. Ao se converter, preponderantemente, em prática regulatória em nome do desenvolvimento do capitalismo, o direito tem servido à legitimação da desigualdade. A fronteira aqui tem duplo aspecto. Ela tanto está na desigualdade quanto no meio que a legitima. A desigualdade é, em si mesma, uma fronteira e o direito, ao legitimá-la, também se torna uma. A solidariedade pode abrir novos caminhos para superação dessa fronteira no sentido da democratização do direito.

Se é certo que vivemos juntos, a solidariedade é um caminho possível. Barbosa Moreira (1980, p. 1), nos longínquos dias de 1980, quando inaugurou o ano letivo na Universidade Estadual do Rio de Janeiro (Uerj), foi feliz ao se valer das seguintes palavras: "passageiros do mesmo barco, os habitantes deste irrequieto planeta vão progressivamente tomando consciência clara da alternativa essencial com que se defrontam: salvar-se juntos ou juntos naufragar".

Referências

ACADEMIA SEBRAE. **Uma criança, um professor, um livro e uma caneta podem mudar o mundo**. Disponível em: <http://academiasebrae.com.br/atitude/uma-crianca-um-professor-um-livro-e-uma-caneta-podem-mudar-o-mundo/>. Acesso em: 8 set. 2017.

AGAMBEN, Giorgio. **Estado de exceção**. Tradução Iraci D. Poleti. 2. ed. São Paulo: Boitempo, 2004.

______. **Homo Sacer**: o poder soberano e a vida nua. Tradução Henrique Burigo. 2. ed. Belo Horizonte: Editora da UFMG/Humanitas, 2012.

ALFONSIN, Jacques Távora. **O acesso à terra como conteúdo de direitos humanos fundamentais à alimentação e à moradia**. Porto Alegre: Sergio Antonio Fabris, 2003.

ALVES, Castro. Ahasverus e o gênio. In: ______. **Espumas flutuantes**. São Paulo: Martin Claret, 2013.

ALVES, Rubem. O aluno perfeito. **Folha de São Paulo**, São Paulo, 23 jan. 2007. Cotidiano. Disponível em: <http://www1.folha.uol.com.br/fsp/cotidian/ff2301200704.htm>. Acesso em: 8 set. 2017.

ARENDT, Hanna. **A condição humana**. Tradução Roberto Raposo. 10. ed. Rio de Janeiro: Forense Universitária, 2005.

AS CRÍTICAS de Carmen Lúcia a justiça brasileira. 2014. Disponível em: <http://gazetaonline.globo.com/_conteudo/2014/09/opiniao/colunas/praca_oito/1497892-as-criticas-de-carmen-lucia-a-justica-brasileira.html>. Acesso em: 10 mar. 2015.

BARROS, Manoel. O fotógrafo. **Meu quintal é maior do que o mundo**. Rio de Janeiro: Objetiva, 2015.

BAUMAN, Zygmunt. **Danos colaterais**: desigualdades sociais numa era global. Rio de Janeiro: Editora Zahar, 2013.

BENJAMIN, Walter. **A obra de arte na época de sua reprodutibilidade técnica**. Tradução e notas Francisco de Ambrosis Pinheiro Machado. Porto Alegre: Zouk, 2012.

BLOCH, Ernst. **Derecho natural y dignidad humana**. Tradução Felipe Gonzalez Vicén. Madri: Clásicos Dykinson, 2011.

BOBBIO, Norberto. **Dicionário de política**. Tradução Carmen C. Varriale et al. Brasília, DF: Universidade de Brasília, 1998.

______. **Estado, governo e sociedade**: para uma teoria geral da política. Tradução Marco Aurélio Nogueira. 14. ed. São Paulo: Paz e Terra, 2007.

______. **Teoria do ordenamento jurídico**. Tradução Maria Celeste C. J. Santos. 6. ed. Brasília (DF): Universidade de Brasília, 1995.

BOURDIEU, Pierre. **O poder simbólico**. 4. ed. Tradução Fernando Tomaz. Rio de Janeiro: Bertrand Brasil, 2001.

BOURDIEU, Pierre. **O poder simbólico**. Tradução Fernando Tomaz. 16. ed. Rio de Janeiro: Bertrand Brasil, 2012.

BRASIL. Conselho Nacional de Justiça. **CNJ divulga dados sobre nova população carcerária brasileira**. 2014b. Disponível em: <http://www.cnj.jus.br/noticias/cnj/28746-cnj-divulga-dados-sobre-nova-populacao-carceraria-brasileira >. Acesso em: 10 out. 2015.

______. Conselho Nacional de Justiça. **CNJ recomenda expansão das APACs para a redução da reincidência criminal no País**. 2014a. Disponível em: <http://www.cnj.jus.br/noticias/cnj/28296-cnj-recomenda-expansao-das-apacs-para-a-reducao-da-reincidencia-criminal-no-pais>. Acesso em: 10 out. 2015.

______. Constituição (1988). **Constituição da República Federativa do Brasil de 1988**. Disponível em: <http://www.planalto.gov.br/ccivil_03/constituicao/constituicaocompilado.htm>. Acesso em: 10 out. 2014.

______. Emenda Constitucional nº 72, de 2 de abril de 2013. Altera a redação do parágrafo único do art. 7º da Constituição Federal para estabelecer a igualdade de direitos trabalhistas entre os trabalhadores domésticos e os demais trabalhadores urbanos e rurais. **Diário Oficial da União**, Brasília, DF, 3 abr. 2013. Disponível em: <http://www.planalto.gov.br/ccivil_03/constituicao/emendas/emc/emc72.htm>. Acesso em: 10 out. 2015.

______. Lei no 10.406, de 10 de janeiro de 2002. Institui o Código Civil. **Diário Oficial da União**, Brasília, DF, 11 jan. 2002. Disponível em: <http://www.planalto.gov.br/ccivil_03/leis/2002/L10406.htm>. Acesso em: 10 out. 2014.

______. Lei nº 13.091, de 12 de janeiro de 2015. Dispõe sobre o subsídio de Ministro do Supremo Tribunal Federal, referido no inciso XV do art. 48 da Constituição Federal; revoga dispositivo da Lei no 12.771, de 28 de dezembro de 2012; e dá outras providências. **Diário Oficial da União**, Brasília, DF, 13 jan. 2015. Disponível em: <http://www.planalto.gov.br/ccivil_03/_ato2015-2018/2015/lei/L13091.htm>. Acesso em: 10 maio 2017.

______. Ministério da Educação. Portaria nº 31, de 12 de janeiro de 2017. Valor do PSPN do magistério público da educação básica, na forma prevista na Lei nº 11.738. **Diário Oficial da União**, Brasília, DF, 13 jan. 2017. Disponível em: <http://www.bsgestaopublica.com.br/index.php/portariamec31>. Acesso em: 10 maio 2017.

BRASIL. Constituição (1988). **Constituição da República Federativa do Brasil.** Disponível em: <http://www.planalto.gov.br/ccivil_03/constituicao/constituicao.htm>. Acesso em: 8 set. 2017.

CARROLL, Lewis. **Aventuras de Alice no país das maravilhas.** Tradução Maria Luiza X. de A. Borges. 2. ed. Rio de Janeiro: Zahar, 2013. p. 57.

CARTA DA TERRA BRASIL. **Carta da Terra.** 2004. Disponível em: <http://www.cartadaterrabrasil.com.br/prt/texto-da-carta-da-terra.html >. Acesso em: 20 de set. 2017.

CARVALHO, Alba Maria Pinho de. O exercício do ofício da pesquisa e o desejo da construção metodológica. In: BAPTISTA, Maria Manuel (Org.). **Cultura:** metodologias e investigação. Lisboa: Ver o Verso, 2009.

CHEPTULIN, Alexandre. **A dialética materialista**: categorias e leis da dialética. [S.l.]: Editorial Progresso, 1975.

COMPARATO, Fábio Konder. Uma morte espiritual. **Folha de São Paulo**, São Paulo, 14 maio 1998. Opinião. Disponível em: <http://www1.folha.uol.com.br/fsp/opiniao/fz14059809.htm>. Acesso em: 10 out. 2014.

COMTE, Auguste. **Curso de filosofia positiva, Discurso sobre o espírito positivo, Discurso preliminar sobre o conjunto do positivismo, Catecismo positivista.** Tradução José Arthur Giannotti e Miguel Lemos. Seleção de textos José Arthur Giannotti. São Paulo: Abril Cultural, 1978. (Os pensadores).

CONSELHO SUPERIOR DA DEFENSORIA PÚBLICA DA UNIÃO. Resolução nº 134, de 7 de dezembro de 2016. Valor de presunção de necessidade econômica para fim de assistência jurídica integral e gratuita. **Diário Oficial da União**, Brasília, DF, 2 maio 2017. Seção 1, p. 122.

COSTA, Yuri. **Justiça infame:** crime, escravidão e poder no Brasil imperial. 1ª Ed. São Paulo: Alameda, 2019.

COUTO, Mia. **A confissão da leoa.** São Paulo: Companhia das Letras, 2012.

DURKHEIM, Émile. **As regras do método sociológico.** Tradução Maria Isaura Pereira de Queiroz. 13. ed. São Paulo: Editora Nacional, 1987.

DUSSEL, Henrique. **Ética da libertação:** na idade da globalização e da exclusão. Tradução Ephraim Ferreira Alves, Jaime A. Closen e Lucia M. E. Orth. 2. ed. Rio de Janeiro: Vozes, 2002.

ESPINOSA, Baruch. **Ética.** São Paulo: Vicotr Civita, 1973.

FILHO, Edilson Santana Gonçalves; MAIA, Maurílio Casas; BHERON, Gustavo. **Custos *vulnerabilis*:** A Defensoria Pública e o equilíbrio nas elações político-jurídicas dos vulneráveis, Editora CEI, 2019.

FARIAS, Flavio Bezerra de. **O Estado capitalista contemporâneo**: para crítica das visões regulacionistas. 2. ed. São Paulo: Cortez, 2001.

FERRAJOLI, Luigi. **A soberania no mundo moderno:** nascimento e crise do Estado Nacional. Tradução Carlos Coccioli e Marcio Lauria Filho. 2. ed. São Paulo: Martins Fontes, 2007.

FLEINER-GERSTER, Thomas. **Teoria geral do Estado**. Tradução Marlene Holzhausen. Revisão Técnica Flávia Portella Puschel. São Paulo: Martins Fontes, 2006.

FOUCAULT, Michel. **A ordem do discurso**: aula inaugural no Collège de France, pronunciada em 2 de dezembro de 1970. Tradução Laura Fraga de Almeida Sampaio. 24. ed. São Paulo: Edições Loyola, 2014. (Leituras Filosóficas).

FREIRE, Paulo. **Pedagogia do oprimido**. Rio de Janeiro: Paz e Terra, 2005.

GADAMER, Hans-Georg. **Verdade e método:** traços fundamentais de uma hermenêutica filosófica. Tradução Flávio Paulo Meurer. 12. ed. Petrópolis, RJ: Vozes; Bragança Paulista: Editora Universitária São Francisco, 2012.

GAMA, Luiz Gonzaga Pinto da. **Primeiras trovas burlescas**. 2003. Disponível em: <http://www.dominiopublico.gov.br/pesquisa/DetalheObraForm.do?select_action=&co_obra=2113>. Acesso em: 10 nov. 2014.

GONÇALVES, Claudia Maria da Costa. **Direitos fundamentais sociais**: releitura de uma constituição dirigente. 2. ed. Lisboa: Juruá, 2011.

GONÇALVES, Gabriella Vieira Oliveira; BRITO, Lany Cristina Silva; FILGUEIRA, Yasmin von Glehn Santos. **IV diagnóstico da Defensoria Pública no Brasil**. Brasília, DF: Ministério da Justiça, Secretaria de Reforma do Judiciário, 2015. (Diálogos da Justiça).

HABERMAS, Jurgen. **Mudança estrutural da esfera pública**: investigações quanto a uma categoria da sociedade burguesa. Tradução Flávio R. Kothe. Rio de Janeiro: Tempo Brasileiro, 1984.

______. **Técnica e ciência como ideologia**. Tradução Artur Morão. Lisboa: Edições 70, 1968.

HESPANHA, Antônio Manuel. **O caleidoscópio do direito**: o direito e a justiça nos dias e no mundo de hoje. 2. ed. Coimbra: Almedina, 2009.

HESPANHA, António Manuel. **O caleidoscópio do direito**: o direito e a justiça nos dias e no mundo de hoje. 2. ed. Lisboa: Edições Almedina, 2009.

INSTITUTO DE PESQUISA ECONÔMICA APLICADA. **Mapa da Defensoria Pública no Brasil**. 2014. Disponível em: <http://www.ipea.gov.br/sites/mapadefensoria/defensoresnosestados>. Acesso em: 15 nov. 2014.

INSTITUTO HUMANAS UNISINOS. **J&F 'elegeu' a maior bancada da Câmara**. 2014. Dsponível em: <http://www.ihu.unisinos.br/noticias/537173-jaf-elegeu--a-maior-bancada-da-camara>. Acesso em: 10 dez. 2014.

INSTITUTO NACIONAL DE ESTUDOS E PESQUISAS EDUCACIONAIS ANÍSIO TEIXEIRA. **Notas estatísticas**: censo da educação superior 2015. Brasília, DF: INEP/Ministério da Educação, 2016. Disponível em: <http://download.inep.gov.br/educacao_superior/censo_superior/documentos/2015/Notas_Estatisticas_Censo_Superior_2015.pdf>. Acesso em: 10 maio 2017.

IRVING, Marta de Azevedo; OLIVEIRA, Elizabeth. **Sustentabilidade e transformação social**. Rio de Janeiro: Senac Nacional, 2012.

KELSEN, Hans. **Teoria pura do direito**. Tradução João Batista Machado. 6. ed. São Paulo: Martins Fontes, 2003.

LOCKE, John. **Segundo tratado sobre o governo**. Tradução Alex Marins. São Paulo: Martin Claret, 2002.

MARANHÃO. Tribunal de Justiça do Estado. Agravo de Instrumento de nº 40.667/2012. São Luís, 26 de março de 2013. Disponível em: <http://jurisconsult.tjma.jus.br/eNortjIzsFIyM05MtUwyMTcyNjNMNk8ytkwxND-VOTbQ0MjIyBIkWp6aX5qXkuxcllupcJ-fnFZfmlCTGF5Qm5WQmXC-cqWQNcMJPUFSQ,#>. Acesso em: 10 dez. 2014.

MARTINS, José de Souza. **O cativeiro da terra**. 9. ed. São Paulo: Contexto, 2013.

______. **Reforma agrária**: o impossível diálogo. São Paulo: Editora Universidade de São Paulo, 2000.

MARX, Karl. **Contribuição à crítica da economia política**. Tradução Maria Helena Barreiro Alves. São Paulo: Martins Fontes, 2003.

MARX, Karl; ENGELS, Friedrich. **A ideologia alemã**: Feuerbach: a contraposição entre as cosmovisões materialista e idealista. Tradução Frank Müller. São Paulo: Martin Claret, 2012.

______; ______. **Manifesto do partido comunista**. Tradução Pietro Nassetti. 13. ed. São Paulo: Martin Claret, 2013.

______; ______. Obras escolhidas. In: ENGELS, Friedrich. **A origem da família, da propriedade privada e do Estado**. São Paulo: Alfa-Omega, 2011.

MASCARO, Alysson Leandro. **Crítica da legalidade e do direito brasileiro**. 2. ed. São Paulo: Quartier Latin, 2008b.

MASCARO, Alysson Leandro. **Estado e forma política**. São Paulo: Boitempo, 2013.

______. **Utopia e direito**: Ernst Bloch e a ontologia jurídica da utopia. São Paulo: Quartier Latin, 2008a.

MORAIS, José Luis Bolzan de. Direitos humanos "globais (universais)"!. De todos, em todos os lugares). In: PIOVESAN, Flávia (Coord.). **Direitos humanos, globalização econômica e integração regional**: desafios de direito constitucional internacional. São Paulo: Max Limonad. 2002. p. 519-542.

MOREIRA, José Carlos Barbosa. A proteção jurídica dos interesses coletivos. **Revista de Direito Administrativo**, Rio de Janeiro, v. 139, p. 1-10, jan./mar. 1980.

MOURA, Tatiana Whately de; RIBEIRO, Natália Caruso Theodoro. **Levantamento Nacional de Informações Penitenciárias Infopen**: junho de 2014. [Brasília, DF]: Depen/Ministério da Justiça, 2015. Disponível em: <http://www.justica.gov.br/noticias/mj-divulgara-novo-relatorio-do-infopen-nesta-terca-feira/relatorio-depen-versao-web.pdf>. Acesso em: 10 maio 2017.

PACHUKANIS, Evgeny Bronislavovich. **Teoria geral do direito e marxismo**. Tradução Antonio Roque Carraza. São Paulo: Acadêmica, 1988.

PASSADORE, Bruno de Almeida. **Precedentes e uniformização de jurisprudência**: uma análise crítica. 2016. Dissertação (Mestrado em Direito) - Universidade de São Paulo, 2016.

POLANYI, Karl. **A grande transformação**: as origens de nossa época. 2. ed. São Paulo: Elsevier, 2000.

ROUSSEAU, Jean-Jacques. **Discurso sobre a origem e os fundamentos da desigualdade entre os homens**. Tradução Roberto Leal Ferreira. São Paulo: Martin Claret, 2010. (A Obra-Prima de Cada Autor).

SAFATLE, Vladimir. **O circuito dos afetos**: corpos políticos, desamparo e o fim do indivíduo. 2. ed. Belo Horizonte: Autêntica, 2015.

SANTOS, Boaventura de Sousa. Para além do pensamento abissal: das linhas globais a uma ecologia dos saberes. In: SANTOS, Boaventura de Sousa; MENEZES, Maria Paula (Orgs.). **Epistemologias do Sul**. Coimbra: Edições Almedina, 2009.

______. **Para um novo senso comum**: a ciência, o direito e a política na transição paradigmática. 8. ed. São Paulo: Cortez, 2011a.

______. **Para uma revolução democrática da justiça**. 3. ed. São Paulo: Cortez, 2011b.

______. **Pela mão de Alice**: o social e o político na pós-modernidade. 7. ed. Porto: Edições Afrontamento, 1999.

STRECK, Lenio. **Hermenêutica jurídica em crise**: uma exploração hermenêutica da construção do direito. 6. ed. Porto Alegre: Livraria do Advogado, 2005.

TORRES, Marcos Alcino Azevedo. **A propriedade e a posse**: um confronto em torno da função social. 2. ed. Rio de Janeiro: Lumen Juris, 2008.

WEBER, Max. **Metodologia das ciências sociais**: parte 1: introdução à edição brasileira de Maurício Tragtenberg. Tradução Augustin Wernet. São Paulo: Cortez, 1992.

WOLKMER, Antonio Carlos. **Introdução ao pensamento jurídico crítico**. 8. ed. São Paulo: Saraiva, 2012.

EDITORA JusPODIVM
www.editorajuspodivm.com.br